essentials

Essentials liefern aktuelles Wissen in konzentrierter Form. Die Essenz dessen, worauf es als „State-of-the-Art" in der gegenwärtigen Fachdiskussion oder in der Praxis ankommt. *Essentials* informieren schnell, unkompliziert und verständlich

- als Einführung in ein aktuelles Thema aus Ihrem Fachgebiet
- als Einstieg in ein für Sie noch unbekanntes Themenfeld
- als Einblick, um zum Thema mitreden zu können

Die Bücher in elektronischer und gedruckter Form bringen das Fachwissen von Springerautor*innen kompakt zur Darstellung. Sie sind besonders für die Nutzung als eBook auf Tablet-PCs, eBook-Readern und Smartphones geeignet. *Essentials* sind Wissensbausteine aus den Wirtschafts-, Sozial- und Geisteswissenschaften, aus Technik und Naturwissenschaften sowie aus Medizin, Psychologie und Gesundheitsberufen. Von renommierten Autor*innen aller Springer-Verlagsmarken.

Mario Pufahl · Florian Dimmig
Stefano D'Amilo

Intelligenter Arbeitsplatz im Service

Mit künstlicher Intelligenz mehr Zeit für Kundeninteraktionen schaffen

Mario Pufahl
Kaarst, Deutschland

Florian Dimmig
Kaarst, Deutschland

Stefano D'Amilo
Radevormwald, Deutschland

ISSN 2197-6708 ISSN 2197-6716 (electronic)
essentials
ISBN 978-3-658-50834-0 ISBN 978-3-658-50835-7 (eBook)
https://doi.org/10.1007/978-3-658-50835-7

Die Deutsche Nationalbibliothek verzeichnet diese Publikation in der Deutschen Nationalbibliografie; detaillierte bibliografische Daten sind im Internet über https://portal.dnb.de abrufbar.

Springer Gabler ist ein Imprint der eingetragenen Gesellschaft Springer Fachmedien Wiesbaden GmbH und ist ein Teil von Springer Nature.
Die Anschrift der Gesellschaft ist: Abraham-Lincoln-Str. 46, 65189 Wiesbaden, Germany

- Vision und Konzept eines modernen, intelligenten Servicearbeitsplatzes
- Beschreibung der einzelnen Module eines intelligenten Servicearbeitsplatzes
- Praxistipps für die Umsetzung von KI-Assistenten im Service

Vorwort

Die Leistungsfähigkeit exzellenter Serviceorganisationen lässt sich – aus der Perspektive jahrelanger Erfahrung in Service- und Digitalberatung – heute kaum mehr ohne den konsequenten Einsatz intelligenter Plattformarchitekturen und KI-gestützter Assistenzsysteme realisieren. Die Rahmenbedingungen sind klar definiert: Kundenerwartungen fragmentieren sich zunehmend, qualifiziertes Personal ist rar, wirtschaftliche Herausforderungen nehmen zu und die digitale Kanalvielfalt erfordert differenzierte, technologiebasierte Lösungen.

Genau an dieser Schnittstelle setzt dieses Essential an. Es skizziert ein praxiserprobtes Konzept für den Einsatz intelligenter Servicesysteme, das auf der integrativen Nutzung von Cloud-Technologien, Automatisierung und künstlicher Intelligenz basiert. Ziel ist es, die Serviceexzellenz sowohl in der operativen Fläche als auch strukturell in der Organisation schrittweise zu erhöhen. Unser Kernanliegen: eine spürbare Entlastung von Servicekräften, die systematische Steigerung der operativen Effizienz sowie eine nachhaltige Optimierung der Customer Experience.

Dieses Essential versteht sich als praktisches Nachschlagewerk und folgt einem modularen Aufbau: Dreizehn abgeschlossene Module adressieren jeweils ein konkretes Handlungsfeld – von Prognosemechanismen, 360°-Kundensicht und Next Best Action bis hin zu digitalen Co-Piloten, Emotionserkennung und intelligentem Inputmanagement. Der Einstieg ist bewusst nicht linear gedacht. Entscheidend ist nicht die Kapitelreihenfolge, sondern der eigene unternehmensinterne Reifegrad sowie die Prioritäten der jeweiligen Organisation. Grundsatz bleibt: Erst eine konsistente digitale Architektur schafft die Voraussetzung, Wirkungspotenziale genau dort zu entfalten, wo sie den größten operativen Hebel bieten.

Zentraler Stellenwert kommt dem Praxisbezug zu. Dieses Essential ist kein theoretischer Konzept, sondern ein anwendungsorientierter Leitfaden. Die vorgestellten Module basieren auf validierten Studien, Marktanalysen und operativen Umsetzungen.

Unser Ziel: Dieses Essential soll Impulsgeber, Navigationshilfe und Argumentationsgrundlage zugleich sein – sei es zur Vorbereitung von Investitionsentscheidungen, im Rahmen strategischer Führungsarbeit oder als operativer Beschleuniger. Der intelligente Arbeitsplatz im Service ist kein Zukunftsszenario, sondern er hat längst begonnen.

Abschließend möchten wir uns bei Herrn Maximilian David für das Lektorat beim Springer Gabler Verlag bedanken.

Kontakt zu uns können Sie unter LinkedIn aufnehmen:

Mario Pufahl: linkedin.com/in/mariopufahl
Florian Dimmig: linkedin.com/in/florian-dimmig
Stefano D'Amilo: linkedin.com/in/stefano-d-amilo-5a4b71134

Düsseldorf, Deutschland   Mario Pufahl
im August 2025   Florian Dimmig
                                                              Stefano D'Amilo

Interessenkonflikt Die Autor*innen haben keine relevanten Interessenskonflikte im Zusammenhang mit dieser Publikation.

Inhaltsverzeichnis

1 Service Performance Management und die Rolle des Automation Orchestration Layer 1

2 Aktuelle Trends und KI-Assistenten im Service 5

3 Mehr Zeit für den Kunden im Service! So schafft ein intelligenter Arbeitsplatz mehr Zeit für die Kundeninteraktion. 9

    3.1   Modul 1: Hoch integriertes CRM, BI, KI, Workflows und Field Service aus der Cloud. 11

    3.2   Modul 2: EU KI-Verordnung, Datenschutzkonformität und Datensicherheit. 12

    3.3   Modul 3: Action Dashboards & Personalized Analytics. 14

    3.4   Modul 4: Office 365- und ERP-Integration 16

    3.5   Modul 5: Kontextintelligente Serviceinteraktion 19

    3.6   Modul 6: Service Forecasting. 21

    3.7   Modul 7: 360°Kundensicht & Battle Card 22

    3.8   Modul 8: Next Best Action (NBA). 24

    3.9   Modul 9: Lead Scoring. 26

    3.10 Modul 10: Case2Resolution (C2R). 27

    3.11 Modul 11: Digitale Service Copiloten 29

    3.12 Modul 12: Intelligentes Inputmanagement. 31

    3.13 Modul 13: Intelligentes Eskalationsmanagement. 33

Was Sie aus diesem essential mitnehmen können 37

Literatur. 39

Service Performance Management und die Rolle des Automation Orchestration Layer

1

Serviceexzellenz ist kein Schlagwort – sie beschreibt die Fähigkeit einer Organisation, Kundenservice strategisch differenzierend und zugleich effizient zu steuern. Die digitale Transformation hat die Taktung neu definiert: Kontaktkanäle erweitern sich stetig, Reaktionszeiten und die damit einhergehende Erwartungshaltung von Kunden verkürzen sich, bei gleichzeitiger Individualisierung von Kundenerwartungen. Gleichzeitig nimmt die Komplexität der zugrunde liegenden Systemlandschaften zunehmend zu. Folge dessen entsteht ein Spannungsfeld, das ohne systematische Steuerung rasch in operativ fragmentierten Plattformansätzen verkommt (vgl. Gartner, 2025).

Genau an dieser Stelle setzt das Konzept des Service Performance Managements (SPM) an. Es überträgt erprobte Steuerungslogiken aus Vertrieb und Produktion auf den Servicekontext – adaptiert hierbei insbesondere an die Multikanalfähigkeit, dynamische Veränderungen und Interaktivität. Ziel ist die Entwicklung einer durchgängig mess- und steuerbaren Servicearchitektur entlang fünf strategischer Dimensionen: Strategie, Organisation, Operations, Mitarbeitende sowie Governance & Insights (vgl. Deloitte, 2023; Camunda, 2025). Das SPM Modell liefert damit nicht nur die Leitplanke für operative Exzellenz, sondern auch ein Grundgerüst für eine technologische Umsetzung (Abb. 1.1).

Eine zentrale Rolle innerhalb dieser Leitplanke nimmt der sogenannte Automation Orchestration Layer ein. In den meisten Unternehmen sind punktuelle Automatisierungen, wie z. B. durch Chatbots oder RPA, bereits im Einsatz. Häufig scheitert dessen Skalierung an fehlender Integration. Die Steuerung bzw. der sogenannte Orchestration Layer schließt diese Lücke: Er fungiert als steuernd, koordinierende Logikschicht, die beispielsweise die einzelnen Automatisierungsprozesse einerseits

M. Pufahl et al., *Intelligenter Arbeitsplatz im Service*, essentials, https://doi.org/10.1007/978-3-658-50835-7_1

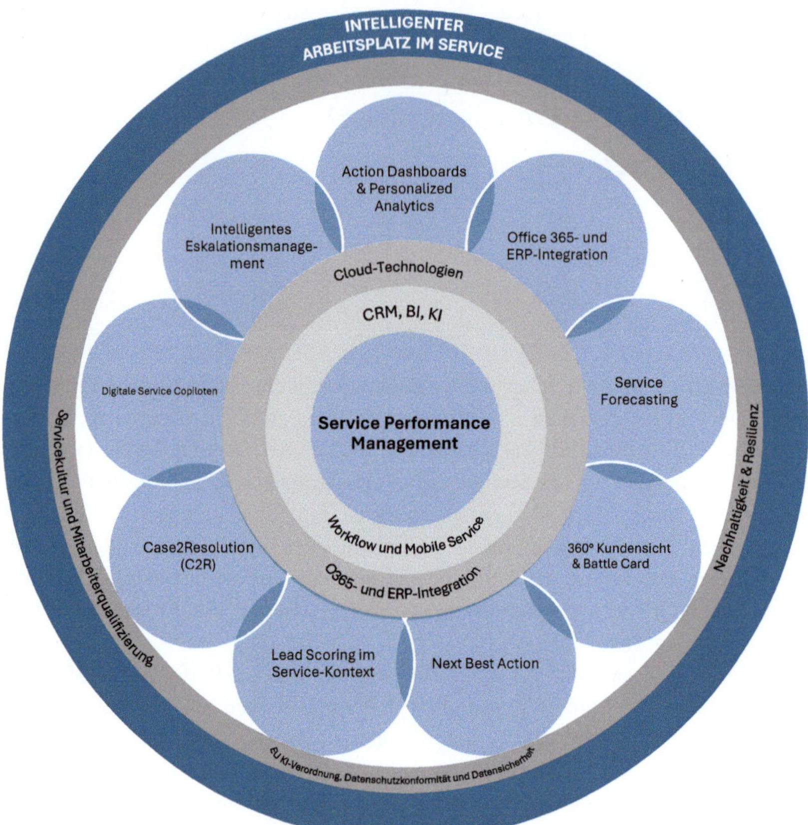

Abb. 1.1 Intelligenter Arbeitsplatz im Service

und entlang definierter Geschäftsprozesse orchestriert, priorisiert und dynamisiert (vgl. Gartner, 2025; Camunda, 2024).

Diese Steuerung und Koordination erfolgt über regelbasierte Entscheidungslogiken, Schnittstellenmanagement und kontextabhängige Trigger – unabhängig vom technischen Ausgangspunkt. Dieser kann sowohl im CRM, Ticketing, E-Mail oder anderen Systemen liegen. Der Layer reguliert Prozesse, behandelt konkurrierende Anfragen prioritätsbasiert, initiiert Eskalationen bei SLA-Verletzungen und beschreibt Fallback-Szenarien für kritische Sachverhalte. Die daraus resultierende Nachvollziehbarkeit und Transparenz ist ein wesentliches Element innerhalb der Governance Dimension des SPM (vgl. Deloitte, 2023).

Typisches Praxisbeispiel: Eine eingehende Störungsmeldung via E-Mail wird automatisch analysiert, klassifiziert, priorisiert, über KI-basierte Agenten weiterverarbeitet und in einem zentralen Service Dashboard dokumentiert – in Echtzeit, medienbruchfrei – ohne dass eine menschliche Interaktion notwendig ist. In der Vergangenheit beinhaltete dieser typische Sachverhalt viele manuelle Aktivitäten, welche meist bilateral miteinander abgestimmt werden mussten. Heute erfolgt die Bearbeitung entlang eines durchgängig automatisierten, auditierbaren und skalierbaren Serviceprozesses (vgl. Gartner, 2025).

Technologisch basiert der Layer in der Regel auf modularen Low Code- bzw. Flow Plattformen. Diese Plattformen beinhalten in der Regel Automatisierungslogiken mit integrierten Decision Engines, Event Triggern und Webhooks. Durch eine solche Architektur wird einerseits die schnelle Integration neuer Automatisierungen als auch andererseits die iterative Optimierung bestehender Prozesse ermöglicht – insbesondere durch Low Code/Power Platform Ansätze (vgl. Microsoft, 2025a).

Besonders wirkungsvoll ist ergänzend dazu die sogenannte Self Service Orchestrierung. Hierbei werden einzelne Fachbereiche befähigt, eigene Workflows, wie z. B. etablierte aber veraltete Prozesse, innerhalb definierter Governance-Leitplanken zu gestalten. So kann abteilungsübergreifend eine Partizipation an einer dezentralen Prozessinnovation gefördert werden (vgl. Microsoft, 2025b).

Die einzelnen Maßnahmen dieser Orchestrierung lassen sich dabei pragmatisch in den Servicelebenszyklus einordnen und kategorisieren:

1. **Pre Service Phase**
   Wertschöpfung beginnt bereits vor dem ersten Kundenkontakt: Planung, Forecasting und Ressourcensteuerung werden intelligent miteinander kombiniert. Die Verknüpfung historischer Daten, aktueller Auslastungen und Prognosen ermöglichen präzise Vorhersagen sowie eine dynamische Ressourcenallokation – etwa durch Service Forecasting oder Lead Scoring (vgl. Deloitte, 2023).

2. **Service Access Phase**
   Im Moment des Kontakts entscheidet der Layer über das Routing: kanalbasiert, kapazitätsgesteuert, kontextsensitiv. Parallele Kommunikationsversuche werden wahrgenommen, kanalübergreifend orchestriert und nahtlos miteinander verbunden – insbesondere durch die enge Verzahnung von Inputmanagement und Conversational AI (vgl. Camunda, 2024).

3. **Service Delivery Phase**
   Im aktiven Bearbeitungsprozess wird das Potenzial dieses Layers zunehmend deutlich: Er orchestriert automatisierte/digitale und manuelle Bearbeitungseinheiten, eskaliert SLA relevante Fälle, steuert dynamisch Prioritäten und

verknüpft Case-to-Resolution-Flows und Mobile Services zu einem in sich konsistenten Steuerungssystem (vgl. Deloitte, 2023).

4. **Post Service Phase**

   Mit dem Ende des Kundenkontaktes initiiert der Layer Feedbackschleifen: Er koppelt Sentiment Analysis mit Handlungsauslösung, beispielsweise bei negativem Feedback durch Start eines Retention Prozesses oder bei Lob durch Aktivierung individualisierter Upselling Maßnahmen (vgl. Camunda, 2024).

5. **Service Optimization Phase**

   Schlussendlich beeinflussen innerhalb dieses Phasenmodells sämtliche Erkenntnisse die kontinuierliche Optimierung: Dashboards aktualisieren sich automatisch, Prozesse werden iterativ evaluiert, Schlüsselstellen identifiziert. Die Integration mit 360°-Sichten erlaubt eine kontinuierliche, KPI basierte Steuerung (vgl. Gartner, 2025).

Der Automation Orchestration Layer befähigt den intelligenten Arbeitsplatz im Service, sich weg von einer lose gekoppelten Toolsammlung hin zu einem zentralen Steuerungssystem zu entwickeln. Er bildet das technische Gerüst für zahlreiche Module des SPM und setzt dabei den Fokus auf ein übergreifendes Operating System mit strategischer Ausrichtung.

Diese Entwicklung ist dabei weit mehr als ein rein technisches, komplexes Gerüst. Vielmehr dient sie als skalierbarer Hebel und ermöglicht nicht nur die einmalige Digitalisierung von Serviceleistungen, sondern dessen fortlaufende Iteration: datenbasiert, modular, anpassungsfähig an Marktveränderungen und kundenindividuelle Erwartungen. So entsteht Serviceexzellenz nicht durch Einzellösungen, sondern durch eine intelligent verbundene Plattformarchitektur.

Aktuelle Trends und KI-Assistenten im Service 2

Der Kundenservice hat in den vergangenen Jahren einen fundamentalen Wandel vollzogen. Was einst als rein operativer Kostenblock galt, wird zunehmend als strategischer Ansatzpunkt für Kundenbindung, Wettbewerbsfähigkeit und Wertschöpfung erkannt. Gleichzeitig steht der Kundenservice unter wachsendem Druck: steigende Kundenerwartungen, komplexe Systemlandschaften, eine ausgeprägte Kanalvielfalt und der zunehmende Fachkräftemangel fordern etablierte Lösungsszenarien heraus. Die Lösung liegt in der intelligenten Verzahnung von Technologie, Daten und menschlicher Kompetenz. Genau hier setzen die aktuellen Entwicklungen rund um KI-basierte Assistenzsysteme im Service an (vgl. Accenture, 2023).

Ein zentraler Trend ist die Demokratisierung bzw. Zugänglichkeit von KI-Technologien. Durch das Vorhandensein leistungsfähiger Large Language Models (LLMs), skalierbarer Cloud-Infrastrukturen können Unternehmen heute sprachbasierte, hoch personalisierte Assistenzsysteme realisieren. Dieser Status war in der Vergangenheit nicht ohne eigene Forschung und Entwicklung möglich – heute ist es bereits die Basis. KI-basierte Helferlein übernehmen nicht nur einfache Routineaufgaben, sondern begleiten Mitarbeitende kontextsensitiv durch komplexe Vorgänge und Prozesse – sei es eine Recherche, die Ableitung einer Handlungsempfehlung oder die Formulierung einer empathischen Kundenkommunikation (vgl. Accenture, 2023).

Gleichwohl prägend ist der Wandel von reaktiven hin zu proaktiven Serviceerlebnissen. KI-gestützte Vorhersagemodelle ermöglichen es, potenzielle Servicebedarfe frühzeitig zu identifizieren. Dies erfolgt heutzutage beispielsweise durch **Anomalieerkennung** in Produktdaten, **Stimmungsanalysen** aus Kundenfeedback oder durch **Social Listening**. Die Art des Services entwickelt sich vom akuten

M. Pufahl et al., *Intelligenter Arbeitsplatz im Service*, essentials, https://doi.org/10.1007/978-3-658-50835-7_2

Problemlöser hin zum vorausschauenden Serviceberater. Studien belegen, dass prädikative Servicemodelle die Kundenzufriedenheit deutlich, um bis zu 20 % steigern können (vgl. IDC 2024a; McKinsey, 2024a).

Ein weiterer prägender Aspekt liegt in der tiefen Integration generativer KI in operative Plattformen. Moderne CRM- und Service-Systeme verfügen heute über native Funktionen zur automatisierten Gesprächszusammenfassung, zur kontextbasierten Dokumentenerstellung oder zur Echtzeit-Übersetzung. Diese Funktionen sind beispielsweise direkt in das CRM- oder Mail-System eingebettet und Bestandteil der digitalen Arbeitsumgebung. KI-Assistenten werden damit zu einem natürlichen Bestandteil des Arbeitsalltags. Diese helfen dabei, die Bearbeitungszeiten zu verkürzen, Fehlerquoten zu senken und Kundenanliegen schneller zu lösen (vgl. Deloitte, 2024a).

Zukunftsweisend ist in diesem Zusammenhang auch der Trend zur **Multimodalität** und zur **Zero UI**. Also die Fähigkeit von KI-Systemen, verschiedene Eingabeformate (Text, Sprache, Bilder, Videos) zu verarbeiten bzw. zu verstehen und ohne eine klassische Benutzeroberfläche zu interagieren. Auf diese Weise entstehen Conversational Interfaces, die über Sprache, Gestik oder Chat steuerbar sind. Die Mehrwerte liegen hier insbesondere im technischen Außendienst oder zur Etablierung eines barrierefreien Kundenkontakts. Die Kombination aus generativer KI mit Sprach- und Bilderkennung sowie Sensorik erschließt völlig neue Anwendungsfelder. Sei es im Remote Support oder bis hin zur vorausschauenden Wartung (vgl. Deloitte, 2024a).

Mit Blick auf Governance und Verantwortung rückt ein weiterer Aspekt in den Fokus: **Responsible AI**. Unternehmen sind angehalten, sicherzustellen, dass ihre Automatisierungen und Assistenzsysteme fair, transparent und datenschutzkonform agieren – insbesondere im Umgang mit sensiblen Kundendaten. Die Vorgaben der DSGVO und des EU AI Act setzen hier verbindliche Standards. Dieses Fundament reguliert die Nachvollziehbarkeit von Entscheidungen oder die Sicherung von Nutzerrechten. Wer frühzeitig ein strukturiertes KI-Governance-Modell etabliert, schafft regulatorische Sicherheit und Vertrauen. Dieses Vertrauen ist sowohl für das interne als auch das externe Unternehmensumfeld von sehr hoher Wichtigkeit (vgl. McKinsey, 2024b).

Auch organisatorisch zeichnet sich ein neues Verständnis im Hinblick auf die Wahrnehmung von Services ab: Der Service wandelt sich von der klassischen, reaktiven Ticketbearbeitungsentität zum **intelligenten Interaktionszentrum**. KIgestützte Systeme stellen Wissen im Moment der Interaktion bereit, unterstützen Mitarbeitende in der Kundenkommunikation und leiten Kunden durch Self-Service-Angebote. Dabei investieren Unternehmen verstärkt in sogenannte „**Ser-**

vice Enablement Teams". Diese Teams verantworten den Betrieb und die Weiterentwicklung der eingesetzten Assistenzsysteme (vgl. Deloitte, 2024b).

Darüber hinaus kommt dem kulturellen Wandel als Erfolgsfaktor eine hohe Bedeutung zu. KI-Assistenten sind nur dann effektiv, wenn sie als unterstützendes Werkzeug und nicht als Instrument zur kontinuierlichen Kontrolle in einer Organisation akzeptiert werden. Unternehmen, die den Einsatz durch Change Management, gezielte Trainings und nicht zuletzt durch eine offene Kommunikation begleiten, erzielen signifikant höhere Akzeptanzwerte. Dies induziert eine messbar gesteigerte Servicequalität (vgl. Deloitte, 2024b). Das Ziel ist, den Menschen und dessen Nutzung von KI-basierten Assistenten als komplementäre Beziehung zu verstehen und nicht als Substitutionsgüter.

Mehr Zeit für den Kunden im Service! So schafft ein intelligenter Arbeitsplatz mehr Zeit für die Kundeninteraktion

3

Die Anforderungen an Serviceorganisationen haben sich in den letzten Jahren grundlegend gewandelt. Während früher klassische Callcenter-Logiken, Fallnummern und manuelle Bearbeitungsroutinen den Ton angaben, stehen heute Kundenerlebnis, Reaktionsgeschwindigkeit, individuelle Ansprache und digitale Unterstützung im Vordergrund. Der intelligente Arbeitsplatz im Service fungiert in diesem Kontext als strategisches Modell der Antwort – und zugleich als Wirkhebel für nachhaltige Effizienzsteigerung und Serviceexzellenz.

Allerdings entspricht die betriebliche Realität in vielen Organisationen noch immer einem fragmentierten Bild: veraltete IT-Infrastrukturen, papierbasierte Abläufe, organisatorische Silos und ein wachsender Druck auf die Mitarbeitenden verhindern, dass das vorhandene Potenzial digitaler Technologien vollumfänglich ausgeschöpft wird. Parallel dazu wachsen die Erwartungen auf Kundenseite: Omnikanale Erreichbarkeit, transparente Bearbeitungsverläufe, sofortige Rückmeldungen, DSGVO-Konformität und einheitliche Kommunikation sind inzwischen Grundvoraussetzungen – keine Differenzierungsmerkmale mehr.

Vor diesem Hintergrund gewinnt der intelligente Service-Arbeitsplatz an Relevanz – operativ wie strategisch. Ziel ist es, Service-Teams zu entlasten, Entscheidungsprozesse zu beschleunigen, die Lösungszeiten und Zufriedenheit der Kunden zu steigern und zugleich die Effizienz zu erhöhen. Dabei kommen Self-Service-Angebote, KI-basierte Entscheidungshilfen, Prozessautomatisierung und proaktive Steuerungsmechanismen zum Einsatz.

Das vorliegende Essential stellt dazu 13 praxisorientierte Module vor, die sich zu einem skalierbaren und adaptiven Modell für moderne Serviceorganisationen verdichten. Die Module können sowohl isoliert als auch in Kombination oder

M. Pufahl et al., *Intelligenter Arbeitsplatz im Service*, essentials, https://doi.org/10.1007/978-3-658-50835-7_3

sequenziell implementiert werden – stets in Orientierung an den unternehmens-spezifischen Herausforderungen.

Strukturell gliedern sich die Module entlang der fünf Dimensionen eines ganzheitlichen Service Performance Managements: Strategie, Organisation, Prozesse, Mitarbeitende und Governance. Zudem lassen sie sich entlang des Servicelebenszyklus verorten – von Pre-Service (etwa Kapazitätsplanung), über Service Access (wie Inputmanagement) und Service Delivery (z. B. KI-unterstützte Co-Piloten) bis hin zu Post-Service (z. B. Emotionserkennung) und Service Optimization (z. B. Dashboarding & Orchestrierung).

Die tragenden Prinzipien eines intelligenten Service-Arbeitsplatzes lassen sich wie folgt konsolidieren:

- **Cloud First & KI Ready**: CRM-, Workflow- und Wissensmanagementsysteme sind vollständig integriert, mobil verfügbar und mit KI-Funktionalitäten wie Personalisierung oder Prognosemodellen ausgestattet.
- **Actionable Interfaces**: Rollen- und kontextspezifische Dashboards, Alerts und Assistenzsysteme liefern in Echtzeit handlungsrelevante Hinweise.
- **Servicezentrierte Automatisierung**: Standardisierte Abläufe, Eskalationsmechanismen und Folgeaktionen werden intelligent gesteuert – ohne Einbußen an Flexibilität.
- **Enablement der Mitarbeitenden**: Co-Piloten, AI-Agents, kontextuelle Wissensdatenbanken, Next-Best-Action-Empfehlungen und Self-Service-Komponenten schaffen operative Entlastung – auch unter hoher Last.
- **End-to-End-Digitalisierung**: Prozesse werden kanalübergreifend abgebildet, analysiert und durchgängig optimiert – inklusive Rückkopplung an Up-/Cross-Selling, Beschwerdemanagement und Innovationsprozesse.

Zielsetzung dieser Architektur ist nicht die Technologieeinführung per se – sondern eine konsequente Neufokussierung auf das Wesentliche: den Kunden. Moderne Plattformlösungen bieten hierfür die infrastrukturelle Basis, das modulare Denken macht sie implementierbar und praxistauglich.

Die folgenden Kapitel beschreiben die 13 Module im Detail (vgl. Abb. 1.1) – jeweils mit klarem Zielbild, konkreten Handlungsempfehlungen, illustrativen Beispielen und fundierten Quellen. Sie verstehen sich als Werkzeugkasten für Führungskräfte, Projektverantwortliche und Entscheider:innen, die Service neu gestalten – datenbasiert, kundenzentriert und zukunftssicher.

3.1   Modul 1: Hoch integriertes CRM, BI, KI, Workflows und Field Service aus der Cloud

Ein hochintegriertes CRM-System – nahtlos vernetzt mit Business Intelligence, Künstlicher Intelligenz, ERP-Systemen, automatisierten Workflows und mobilen Service-Applikationen aus der Cloud – bildet das zentrale Rückgrat eines zukunftsfähigen Servicearbeitsplatzes. Diese technologische Integration schafft eine konsistente Datenbasis, die in Echtzeit aktualisiert wird und somit eine fundierte, kundenorientierte Steuerung operativer Serviceprozesse ermöglicht (vgl. Abugo, 2024; Finn & Downie, 2024).

Durch den Einsatz cloudbasierter Technologien können Servicemitarbeitende unabhängig vom Standort auf sämtliche relevanten Kunden- und Vorgangsinformationen zugreifen – sei es im Backoffice, im Homeoffice oder direkt beim Kunden vor Ort (z. B. im Field Service). Intelligente CRM-Funktionalitäten, angereichert mit KI-Logiken, generieren dabei konkrete Handlungsempfehlungen und individualisierte Analysen, die zur effizienteren Bearbeitung von Serviceanfragen beitragen und die Reaktionsgeschwindigkeit erhöhen.

Automatisierte Workflows und AI Agents übernehmen wiederkehrende Aufgaben, steuern Eskalationsmechanismen und ermöglichen eine durchgängige Abarbeitung von Standardprozessen – ohne dabei an Flexibilität zu verlieren. Ergänzend liefern BI-Systeme detaillierte Einblicke in Servicekennzahlen, Fallvolumina und Bearbeitungszeiten, sodass operative Engpässe frühzeitig erkannt und gezielt adressiert werden können. Mobile CRM-Anwendungen befähigen Mitarbeiter im Field Service zudem, auch beim Kunden auf alle kundenbezogenen Informationen zuzugreifen und Interaktionen in Echtzeit zu dokumentieren, z. B. Schäden.

Die Integration von IoT-Daten erweitert das Serviceverständnis um aktuelle Zustandsinformationen zu Produkten, Systemen oder genutzten Services. Dadurch werden präventive Maßnahmen und vorausschauende Wartungsmodelle realisierbar, die nicht nur die Servicequalität erhöhen, sondern auch die Kundenbindung nachhaltig stärken. Datenschutz und regulatorische Konformität – insbesondere im Kontext der EU KI-Verordnung und der DSGVO (vgl. nächstes Kapitel) – sind durch differenzierte Zugriffs-, Verschlüsselungs- und Auditmechanismen integraler Bestandteil der Systemarchitektur.

Künstliche Intelligenz trägt darüber hinaus zur Erhöhung der Prognosegüte und zur proaktiven Steuerung der Serviceprozesse bei. Frühwarnindikatoren, Anomalieerkennung und adaptive Ressourcenplanung ermöglichen ein vorausschauendes Handeln – bevor Eskalationen entstehen.

Diese technologische Gesamtarchitektur führt zu einer gesteigerten Effizienz, erhöht die Kundenzufriedenheit und verbessert die Reaktionsfähigkeit auf sich wandelnde Anforderungen im Servicemanagement. Die Plattform lässt sich darüber hinaus in angrenzenden Funktionsbereichen wie Customer Experience Management und Quality Assurance adaptiv ausrollen. In der Gesamtschau wird so ein intelligenter Servicearbeitsplatz realisiert, der als Enabler einer resilienten, skalierbaren und kundenorientierten Serviceorganisation fungiert.

3.2   Modul 2: EU KI-Verordnung, Datenschutzkonformität und Datensicherheit

Ein intelligenter Arbeitsplatz im Service muss die Anforderungen der Datenschutz-Grundverordnung (DSGVO) und gleichzeitig die neuen Vorgaben der EU KI-Verordnung (EU AI Act) strikt einhalten, um das Vertrauen der Kund:innen zu stärken, Haftungsrisiken zu minimieren und rechtliche Konformität sicherzustellen.

Die DSGVO regelt, dass personenbezogene Daten ausschließlich rechtmäßig, zweckgebunden und transparent verarbeitet werden dürfen (vgl. Ingelheim, 2024; Europäische Union, 2016). Unternehmen müssen Informationspflichten erfüllen, Einwilligungen einholen und Datenschutz-Folgenabschätzungen durchführen, sofern ein erhöhtes Risiko für die Rechte natürlicher Personen besteht. Datensicherheit wird über technische und organisatorische Maßnahmen gewährleistet – insbesondere bei cloudbasierten CRM-Systemen, die verschlüsselt arbeiten und abgeschottete Verarbeitungsumgebungen nutzen.

Mit dem Inkrafttreten der EU KI-Verordnung erweitert sich der regulatorische Rahmen deutlich. Die Verordnung verfolgt vier zentrale Ziele: den Schutz der Grundrechte, die Etablierung eines sicheren und vertrauenswürdigen KI-Einsatzes, die Sicherung ethischer Verantwortung und die Förderung eines innovationsfreundlichen Binnenmarkts für KI-Systeme.

Kernstück der EU KI-Verordnung ist ein risikobasierter Ansatz, der KI-Systeme in vier Kategorien unterteilt: inakzeptabel, hochriskant, gering und minimal risikobehaftet. Während Anwendungen mit inakzeptablem Risiko – etwa manipulative Systeme oder soziale Bewertung – vollständig verboten sind, unterliegen Hochrisiko-Systeme (z. B. bei automatisierter Entscheidungsfindung im Kundenservice) strengen Vorgaben. Dazu zählen Anforderungen an Transparenz, technische Robustheit, Überwachung, Dokumentation sowie Risikomanagement.

Serviceorganisationen, die KI-basierte Assistenzsysteme einsetzen – etwa zur automatisierten Fallbearbeitung, Chatbot-Kommunikation oder Entscheidungsunterstützung – müssen prüfen, ob es sich um Hochrisiko-KI handelt. In diesem

Fall greifen umfassende Pflichten: Sicherheitsvorkehrungen, regelmäßige Audits, Trainings für „AI Literacy" und klare Zweckbindungen sind verpflichtend umzusetzen.

KI-Systeme mit allgemeinem Verwendungszweck (GPAI), etwa Large Language Models wie ChatGPT, unterliegen grundsätzlich niedrigeren Anforderungen. Wird ihre Anwendung jedoch zweckverändert oder in kritische Kontexte wie den Service eingebunden, kann eine Hochrisikoeinstufung notwendig werden. Transparenzpflichten gelten auch für Systeme mit mittlerem Risiko – z. B. bei Chatbots, die Nutzende explizit darauf hinweisen müssen, dass sie mit einer Maschine interagieren.

Wesentlich ist: Die DSGVO bleibt uneingeschränkt neben der EU KI-Verordnung anwendbar. Die alleinige Einhaltung der KI-Regeln genügt nicht – auch datenschutzrechtliche Prinzipien wie Datenminimierung, Zweckbindung oder die Rechte Betroffener sind weiterhin zwingend einzuhalten.

Folgende potenzielle Konfliktfelder beim Einsatz KI-basierter Serviceassistenten sind besonders relevant (vgl. Ludolph, 2024; Klett, 2021):

1. **Datenminimierung**: KI-Systeme benötigen oft große Datenmengen, was dem Prinzip widersprechen kann, nur erforderliche Informationen zu verarbeiten.
2. **Pseudonymisierung und Re-Identifizierbarkeit**: Auch anonymisierte Daten können in Kombination mit KI unter Umständen re-identifiziert werden.
3. **Zweckbindung und Transparenz**: KI-basierte Nachverarbeitung von Kundendaten darf nur im ursprünglich kommunizierten Rahmen erfolgen. Andernfalls liegt ein Verstoß gegen die Zweckbindung vor.
4. **Automatisierte Entscheidungen**: Entscheidungen durch KI dürfen nicht ausschließlich automatisch getroffen werden, wenn sie rechtlich oder individuell erheblich sind. Menschen müssen einbezogen werden.
5. **Cybersecurity**: Der Schutz gegen unbefugte Zugriffe, Modellangriffe und Datenmanipulation ist integraler Bestandteil des Service-KI-Designs.

Zur Sicherstellung der Konformität empfiehlt sich ein KI-spezifisches Compliance-Framework, das eine systematische Risikobewertung durchführt, Dokumentationspflichten erfüllt, Schulungen etabliert und interne Kontrollmechanismen zur Überwachung implementiert. Unternehmen sollten zusätzlich eine interne Liste zugelassener KI-Systeme und Anbieter führen sowie die Softwareprüfung um KI-relevante Kriterien erweitern.

Ein intelligenter Servicearbeitsplatz kann nur dann nachhaltig wirken, wenn er regulatorisch sauber aufgebaut ist. Nur so lassen sich die Effizienzgewinne und Innovationspotenziale durch KI realisieren, ohne zentrale Grundrechte zu gefährden oder Vertrauen zu verspielen. Die technologische Zukunft im Service ist gestaltbar – aber nur mit einem klaren Regelwerk und gelebter Verantwortung.

3.3　Modul 3: Action Dashboards & Personalized Analytics

Ein intelligenter Arbeitsplatz im Service profitiert signifikant von actionorientierten Dashboards und personalisierten Analysen. Diese digitalen Steuerungsinstrumente bieten Echtzeiteinblicke in Servicekennzahlen und unterstützen Mitarbeitende dabei, fundierte Entscheidungen entlang des gesamten Serviceprozesses zu treffen. Durch die Verknüpfung von CRM- und SAP-Daten mit Business-Intelligence-Tools und cloud-basierten KI-Komponenten entsteht eine analytische Infrastruktur, die auf individuelle Nutzerbedürfnisse zugeschnittene Auswertungen ermöglicht (vgl. Agnese, 2024).

Personalisierte Dashboards adaptieren sich dynamisch an das Nutzerverhalten und die jeweilige Rollenanforderung – sei es für operative Mitarbeitende im Kundenkontakt, für Teamleiter:innen oder für strategische Steuerungseinheiten. Sie bieten somit eine kontextsensitive Benutzerführung, die nicht nur das Informationsrauschen reduziert, sondern auch die Handlungsfähigkeit erhöht. Konkret lassen sich so Service-Trends erkennen, Bearbeitungsengpässe identifizieren, Zufriedenheitsmuster analysieren und Performanceabweichungen gezielt adressieren (vgl. Atlassian, 2025).

Der Einsatz von KI innerhalb dieser Dashboards steigert zusätzlich die Prognosegüte: durch prädiktive Analysen lassen sich beispielsweise Eskalationswahrscheinlichkeiten, First-Contact-Resolution-Raten oder Kundenabwanderungstendenzen frühzeitig erkennen. Automatisierte Datenaufbereitungen und kontextspezifische Alerts entlasten die Service-Teams und schaffen Freiräume für komplexere Anliegen und persönliche Kundeninteraktionen.

Im Sinne eines servicezentrierten Reportings fungieren Action Dashboards als interaktive Analyse- und Steuerungsinstrumente. Sie integrieren Daten aus heterogenen Quellen, visualisieren diese in intuitiv gestalteten Interfaces – etwa über Diagramme, Heatmaps oder KPI-Ticker – und schaffen eine zentrale, rollenbasierte Sicht auf die maßgeblichen Steuerungsgrößen (vgl. Andersen, 2025; Revenue.io, 2025). Anders als statische Berichte erlauben Action Dashboards unmittelbar reaktive und präventive Maßnahmen: Ein Teamlead im Service kann beispielsweise direkt Maßnahmen initiieren, wenn bestimmte Falltypen systematisch zu langen Bearbeitungszeiten führen oder wenn die Zufriedenheit in einem Kontaktkanal unter Zielwert sinkt.

Ein weiterer Vorteil personalisierter Analytik liegt in der Möglichkeit, rollen-spezifische Reports automatisiert zu generieren. Jeder Servicemitarbeitende erhält so exakt die Informationen, die für seine Rolle und sein Verantwortungsfeld relevant sind. Dies erhöht nicht nur die Transparenz, sondern beschleunigt auch die Reaktionszeiten im operativen Alltag. KI-gestützte Prognosefunktionen in diesen Dashboards ermöglichen zudem einen datenbasierten Blick in die Zukunft: etwa zur Vorhersage von Anfragevolumina, zur Identifikation von Mustern im Eskalationsverlauf oder zur Simulation von Maßnahmenwirkungen (vgl. Andersen, 2025).

In der Gesamtschau ermöglichen Service Analytics eine strukturierte, transparente und datenbasierte Steuerung von Serviceprozessen. Sie tragen entscheidend dazu bei, Kundenerwartungen präziser zu bedienen, Servicekapazitäten effizienter auszusteuern und das Leistungsversprechen eines exzellenten Kundenerlebnisses systematisch einzulösen – mit spürbarem Impact auf Kundenzufriedenheit, Loyalität und operative Resilienz (vgl. Revenue.io, 2025).

Eine moderne Analytics-Plattform im Service beruht auf drei zentralen Prinzipien: Zentralisierung, Personalisierung und Interaktivität. Zentralisierung bedeutet die technische Konvergenz unterschiedlichster Datenquellen – strukturiert wie unstrukturiert – in einer gemeinsamen Analyseplattform. Besonders cloudbasierte Lösungen bieten hier Vorteile hinsichtlich Skalierbarkeit, Zugriffssicherheit und Datenaggregation. Personalisierung wiederum stellt sicher, dass jede Rolle im Service – vom Teamlead bis zur Geschäftsführung – exakt jene Kennzahlen, Indikatoren und Visualisierungen erhält, die für die jeweilige Aufgabenwahrnehmung erforderlich sind. Und Interaktivität eröffnet über Echtzeitfilter, Drilldowns und KI-basierte Annotationsfunktionen neue Wege für explorative Analysen und präzise Entscheidungsfindung.

Je nach digitalem Reifegrad der Organisation variiert der Fokus einer modernen Analytics-Plattform im Service auf Kennzahlen. Operative Service-KPIs wie Fallvolumen nach Kanal, durchschnittliche Bearbeitungszeiten, First Time Fix Rate oder Eskalationsquote geben Hinweise auf tägliche Abläufe. Strategische KPIs wie Net Promoter Score (NPS), Kundenzufriedenheit (CSAT), Wiederkontaktquote oder Kosten pro Fall adressieren hingegen übergreifende Performancefragen. Innovative Organisationen ergänzen diese Perspektive um prädiktive Metriken – etwa SLA-Risiken, Auslastungsprognosen oder präventive Wartungsindikatoren.

Ein Praxisbeispiel aus der Transportlogistik zeigt das Potenzial: Ein global agierender Servicedienstleister stattete seine dezentralen Einheiten mit rollenbasierten Dashboards aus, die in Echtzeit alle relevanten Steuerungsgrößen abbildeten – inklusive CRM-, Telefonie-, Feedback- und IoT-Daten. Das Ergebnis: 30 % weniger Steuerungsaufwand, frühzeitige Eskalationserkennung und mehr Eigenverantwortung durch transparente Zielvorgaben. Besonders hervorzuheben: Die Führungsebene erhielt erstmals klare Einblicke in regionale Wirksamkeiten der Serviceinitiativen – inklusive Ursache-Wirkungs-Zusammenhängen, die vormals im Reporting verborgen blieben.

Auch im Gesundheitssektor entfalten solche Plattformen hohe Wirkung. Ein Schweizer Klinikverbund nutzt ein zentrales Dashboard zur Steuerung technischer Serviceprozesse über mehrere Standorte hinweg. Wartungszyklen, Störmeldungen, Pflegefeedbacks und Reaktionszeiten werden systematisch integriert, priorisiert und visualisiert – mit spürbaren Effekten auf Ressourceneinsatz, Kommunikation und Versorgungssicherheit.

Wesentlich für den nachhaltigen Erfolg solcher Initiativen ist nicht die Technologie allein, sondern ein kultureller Wandel in der Steuerungslogik. Fachbereiche müssen frühzeitig eingebunden werden, um relevante KPIs zu definieren, Benchmarks zu verankern und Rollenerwartungen abzuleiten. Erfolgreiche Organisationen etablieren hierzu zentrale Analytics-Teams, die in enger Abstimmung mit den Serviceeinheiten agieren – von der initialen Einführung über den operativen Betrieb bis zur fortlaufenden Optimierung.

Dashboards und Analytics-Plattformen sind im Service längst keine Add-ons mehr. Sie sind integrale Bestandteile einer vorausschauenden, kundenzentrierten und resilienten Steuerung. Wer es versteht, fragmentierte Daten in handlungsrelevante Erkenntnisse zu übersetzen, stärkt nicht nur die Effizienz, sondern auch die strategische Handlungsfähigkeit seiner Serviceorganisation – skalierbar, rollenspezifisch und in Echtzeit.

3.4   Modul 4: Office 365- und ERP-Integration

Ein intelligenter Arbeitsplatz im Service erschließt erhebliche Effizienzpotenziale durch die Integration von Microsoft Office 365 sowie führenden ERP-Systemen wie SAP S/4HANA, Dynamics 365 oder Oracle ERP. Die nahtlose Verbindung dieser Systeme mit servicezentrierten Plattformen ermöglicht eine kontinuierliche, kontextbezogene Zusammenarbeit – unabhängig von Standort oder Endgerät. Microsoft Office 365 stellt hierfür ein zentrales Werkzeugset bereit: Anwendungen wie Outlook, Excel oder SharePoint lassen sich direkt in Serviceprozesse einbinden, wodurch Arbeitsabläufe verschlankt, Informationsflüsse beschleunigt und Kollaborationen über Abteilungsgrenzen hinweg gestärkt werden (vgl. Abb. 3.1).

Die Integration von ERP-Systemen wie SAP, Dynamics 365 oder Oracle ERP ermöglicht es Unternehmen, ihre Geschäftsprozesse Ende-zu-Ende zu optimieren

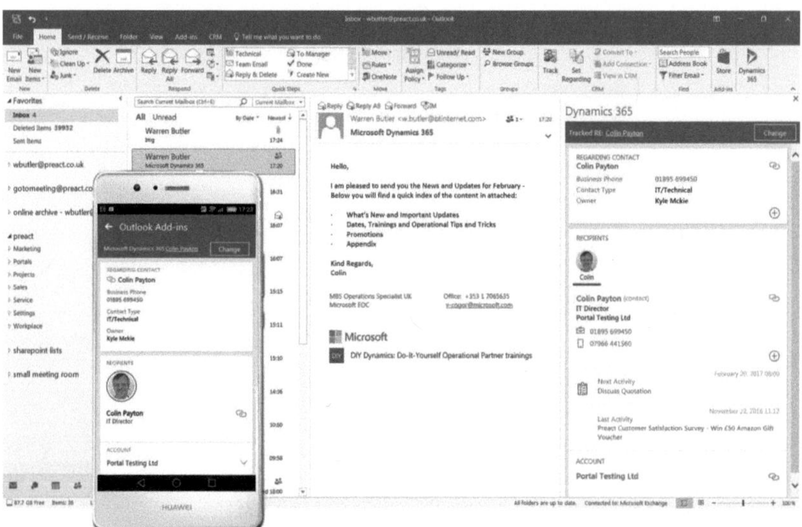

Abb. 3.1 Outlook Integration im CRM

und Echtzeit-Einblicke in Finanz-, Bestands-, Lieferketten- und Betriebsdaten im Service zu erhalten.

Die Anbindung von ERP-Systemen eröffnet darüber hinaus tiefere Einblicke in betriebswirtschaftlich relevante Daten – etwa zu Materialverfügbarkeiten, Budgetstatus oder Vertragslaufzeiten – die für die Priorisierung, Planung und Nachverfolgung von Serviceaufträgen entscheidend sind (vgl. Abb. 3.2). Über standardisierte API-Schnittstellen werden CRM- und ERP-Systeme miteinander verknüpft, sodass unter anderem folgende Datenströme konsolidiert bereitgestellt werden können: Kundendaten, Vertragsinformationen, Abrechnungs- und Zahlungsstatus, Kontakthistorien sowie Produkt- und Bestandsdaten. Diese technische Verzahnung reduziert manuelle Doppeleingaben, eliminiert Medienbrüche und unterstützt eine konsistente Datennutzung über den gesamten Servicezyklus hinweg.

Die Einbindung von IoT-Daten aus vernetzten Maschinen, Anlagen oder Sensoriksystemen in ERP- und CRM-Infrastrukturen erweitert das Lagebild zusätzlich um Echtzeitinformationen zu Betriebszuständen, Ausfallmustern oder Wartungsbedarfen. Kombiniert mit cloudbasierten Zugriffsmöglichkeiten wird so sichergestellt, dass Servicemitarbeitende ortsunabhängig agieren und auch im Feld auf aktuelle Fall- und Maschinendaten zugreifen können. KI-gestützte Funktionen in Lösungen wie SAP & SAP Business AI, Microsoft Dynamics 365 & Copilot &

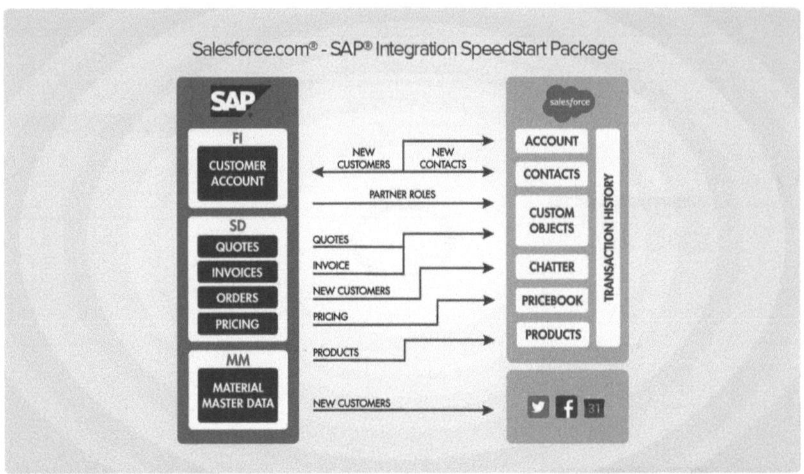

Abb. 3.2 SAP Salesforce Integration

Azure Open AI, Salesforce & Agentforce oder ServiceNow & Agentic AI steigern die Qualität der Entscheidungsfindung durch personalisierte Analysen, prädiktive Hinweise und adaptive Systemreaktionen. Gleichzeitig entlasten automatisierte Workflows und AI Agents von repetitiven Aufgaben, sodass mehr Kapazität für anspruchsvolle Interaktionen und komplexe Störungen entsteht (vgl. Abugo, 2024).

Im datengetriebenen Service ist Information längst nicht mehr Nebenprodukt, sondern Führungsinstrument. In einer Arbeitswelt, die von steigender Dynamik, zunehmender Komplexität und hoher Erwartungstransparenz geprägt ist, entscheidet der Zugriff auf valide, kontextuelle und rollenadäquate Daten über die Handlungsfähigkeit von Organisationen. Während Frontline-Mitarbeitende kurzfristige Einsicht in Ticketstatus, SLA-Laufzeiten oder Eskalationen benötigen, verlangen Führungskräfte nach Überblick über Kapazitätsauslastung, Kundenzufriedenheit, Engpassentwicklungen oder Forecasts. Intelligente Dashboards und personalisierte Analytics-Plattformen transformieren verstreute Systemdaten zu handlungsrelevanten Steuerungsinformationen – interaktiv, rollenbasiert und in Echtzeit.

Tatsächlich ist die Realität in vielen Serviceeinheiten geprägt von Insellösungen: CRM, ERP, Ticketsysteme, Feedback-Tools und manuelle Excel-Reports existieren oft unverbunden nebeneinander. Das Resultat: fragmentierte Datenlandschaften, Medienbrüche und Entscheidungen auf Basis unvollständiger Informationen. Laut einer Untersuchung auf Haufe.de gaben 80 % der Manager:innen an,

Entscheidungen zu treffen und erst danach nach Daten zu suchen, um diese zu rechtfertigen. Zusätzlich sagten 71 %, dass die Datenmenge und ein mangelndes Vertrauen in die Daten sie schon einmal davon abgehalten hätten, überhaupt eine Entscheidung zu treffen (vgl. Haufe, 2023). Gerade in dezentralen Strukturen fehlt häufig ein gemeinsames Lagebild zu Prioritäten, Qualitätsindikatoren und Auslastungen. Standardisierte Reports reichen nicht mehr aus – gefragt sind interaktive, kontextualisierte und rollengetriebene Visualisierungen entlang realer Steuerungsbedarfe.

3.5 Modul 5: Kontextintelligente Serviceinteraktion

Servicequalität definiert sich im digitalen Zeitalter nicht länger ausschließlich über Erreichbarkeit, Bearbeitungszeit oder standardisierte Zufriedenheitsmetriken. Vielmehr entsteht sie im Zusammenspiel aus situativem Verständnis, kanalübergreifender Anschlussfähigkeit und emotionaler Responsivität, kurzum: durch Kontextsensitivität. Kund:innen erwarten nicht nur schnelle, sondern passende Reaktionen, auf Augenhöhe, datenbasiert und in Echtzeit. Das Modul der kontextintelligenten Serviceinteraktion adressiert genau diesen Paradigmenwechsel, indem es dialogorientierte Schnittstellen, dynamisches Wissensmanagement, mobile Prozesssteuerung und emotionale Analytik in einem kohärenten Steuerungsmodell verknüpft.

Zentraler Ausgangspunkt ist die dialogische Schnittstelle bzw. Conversational AI, die als erster Kontaktpunkt nicht nur automatisiert interagiert, sondern durch Natural Language Understanding, Intent-Erkennung und Entity Mapping eine semantisch präzise Einordnung des Anliegens vornimmt. Diese Klassifikation wird unmittelbar in eine adaptive Gesprächsführung übersetzt, die auf Basis des erkannten Kontexts zwischen Self-Service, Assisted Service oder Eskalation unterscheidet. Ihre Wirksamkeit entfaltet diese Schnittstelle jedoch erst im Zusammenspiel mit einer dynamisch kuratierten Wissensbasis, die sowohl den virtuellen Agenten als auch den menschlichen Mitarbeitenden kontextrelevante Inhalte bereitstellt, nicht statisch, sondern prozessorientiert, durchsuchbar und kontinuierlich lernend (vgl. Gartner, 2023).

Die auf diese Weise angestoßene Interaktion bleibt nicht auf den Dialog beschränkt, sondern wirkt prozessual fort: Über integrierte Workflow-Engines werden Folgeprozesse ausgelöst, systemübergreifend koordiniert und wo sinnvoll mobil operationalisiert. Servicekräfte im Außendienst, auf der Fläche oder im Homeoffice erhalten Aufgaben nicht nur zeitnah, sondern kontextbasiert angereichert: etwa mit Kundenhistorie, technischem Anlagenstatus, Interaktionsverlauf oder

Geodaten. So werden Dialog, Prozess und Mobilität nicht als getrennte Stränge, sondern als vernetzte Handlungsräume gedacht. Die mobile App wird damit zur operativen Verlängerung des dialogischen Erstkontakts.

Parallel zur systeminternen Kontextverarbeitung gewinnt die externe Perspektive an Relevanz: Kundenmeinungen, Stimmungen und Probleme artikulieren sich zunehmend auf offenen Plattformen oft, bevor ein aktiver Servicekontakt überhaupt zustande kommt. Integrated Social Listening übernimmt in diesem Modell eine Frühwarnfunktion. Es analysiert öffentlich zugängliche Kanäle, extrahiert Service-relevante Signale und speist diese in die systemische Entscheidungslogik ein. Die daraus resultierende Kontextanreicherung beeinflusst sowohl die initiale Gesprächsführung als auch die Wahl nachgelagerter Maßnahmen. In der Kombination mit internen Sentiment-Analysen entsteht ein umfassendes Bild des emotionalen Kundenstatus, nicht als nachträgliche Bewertung, sondern als Echtzeitparameter innerhalb des Serviceflows (vgl. PwC, 2024).

Diese emotionale Komponente wird dabei nicht nur deskriptiv, sondern präskriptiv genutzt. Erkennt das System auf Basis von Sprache, Text oder Verhalten einen Frustrationsimpuls, kann es proaktiv reagieren: etwa durch empathischere Sprachmuster, niedrigere Eskalationsschwellen oder das automatische Hinzuziehen eines Supervisors. Umgekehrt kann positive Resonanz genutzt werden, um gezielt Folgeinteraktionen anzustoßen, etwa in Form personalisierter Cross- oder Upselling-Angebote. Sentiment und Aktion treten so in eine produktive Wechselwirkung, die Servicequalität nicht nur misst, sondern gestaltet.

Die Leistungsfähigkeit dieses Moduls zeigt sich entlang des gesamten Service-Lebenszyklus. Bereits in der Pre-Service-Phase erkennt Social Listening relevante Themencluster und speist sie in das Conversational Design ein. Während der Zugangsphase übernimmt die Conversational AI das Routing und die Qualifizierung. In der Bearbeitungsphase orchestriert der Workflow Layer sowohl automatisierte als auch manuelle Bearbeitungspfade, mobil und integriert. Die Nachbereitungsphase wird durch emotionale Analyse angereichert und schließt mit personalisierten Empfehlungen. In der Optimierungsphase schließlich werden alle Prozessdaten aggregiert, interpretiert und zur kontinuierlichen Verbesserung verwendet.

Ein praktisches Beispiel verdeutlicht den Zusammenhang: Ein Energieversorger verknüpft Conversational AI, Mobile Services und Sentiment Detection zu einem durchgängigen Eskalationsprozess. Sobald ein Stromausfall detektiert wird, startet automatisch ein Chat mit dem betroffenen Kunden. Negative Stimmung im Gespräch führt zu sofortiger Priorisierung, ein technischer Einsatz wird mobil disponiert und alle relevanten Daten werden nahtlos an den Außendienst übergeben. Nach Behebung wird Feedback eingeholt, analysiert und zur Prozessoptimierung genutzt. Ergebnis: verkürzte Reaktionszeiten, höhere Erstlösungsquote, messbar bessere Kundenzufriedenheit.

Dieses Beispiel macht deutlich: Die einzelnen Technologien, Conversational AI, Knowledge Base, Mobile Workflow, Social Listening, Sentiment Analysis, entfalten ihre Wirkung nicht als Einzellösungen, sondern in ihrer systematischen Verzahnung. Sie erzeugen ein Serviceerlebnis, das nicht nur funktional ist, sondern resonant, adaptiv und anschlussfähig. Der intelligente Arbeitsplatz im Service gewinnt damit eine neue Qualität: Er wird nicht nur zum Ort der Bearbeitung, sondern zum Ort des Verstehens, menschlich und maschinell zugleich.

3.6   Modul 6: Service Forecasting

In einer zunehmend volatileren Geschäftswelt wird die präzise Vorhersage servicebezogener Entwicklungen zum strategischen Erfolgsfaktor. Während sich klassische Forecasting-Ansätze auf vergangenheitsbezogene Trends stützen, ermöglichen moderne, KI-gestützte Service-Forecasts eine vorausschauende Steuerung entlang sich schnell verändernder Rahmenbedingungen. Ziel ist es, potenzielle Engpässe, Lastspitzen und Ressourcenbedarfe frühzeitig zu erkennen und so reaktionsschneller, effizienter und kundenorientierter zu agieren.

Der Fokus im Service liegt dabei vor allem auf drei Prognosearten: (1) Forecasting von **Fallvolumen** und Service-Tickets, (2) Prognosen zu **Workforce- und Kapazitätsbedarf**, sowie (3) Vorhersagen zu **Ersatzteilen und Materialverfügbarkeit**. Während traditionelle Methoden häufig auf simplen linearen Regressionsmodellen basieren, setzen moderne Lösungen auf neuronale Netze, Entscheidungsbäume oder probabilistische Verfahren, die historische Daten mit externen Faktoren wie Wetter, Standortdichte oder Gerätealter kombinieren (vgl. Gartner, 2023).

Beispielsweise lässt sich durch die Analyse saisonaler Schwankungen, Gerätehistorien, Nutzungsmuster und Wartungsprotokolle die Ausfallwahrscheinlichkeit technischer Komponenten voraussagen. Diese Daten fließen in einen dynamischen Bedarfsplan ein, der nicht nur den Personaleinsatz, sondern auch Lagerhaltung, Anfahrtsplanung und Eskalationsstrategien optimiert. Ein Telekommunikationsanbieter in Deutschland nutzt etwa KI-basierte Forecasts zur täglichen Anpassung seiner Field-Service-Kapazitäten, mit dem Ergebnis einer um 18 % verbesserten Termintreue und einer um 12 % reduzierten Eskalationsquote.

Auch im Ersatzteilmanagement bietet Service Forecasting enorme Potenziale. KI-Modelle identifizieren verborgene Nachfragekorrelationen, etwa zwischen Gerätetyp, Region und Witterung. Das ermöglicht eine automatisierte Bevorratung mit hoher Trefferquote, was sich insbesondere bei kostenintensiven Ersatzteilen wirtschaftlich stark auszahlt. Unternehmen mit fortgeschrittener Prognosefähigkeit konnten laut einer Forrester-Studie (2023) ihre Lagerkosten um bis zu 25 % senken, bei gleichzeitiger Verbesserung der Servicebereitschaft.

Erfolgreiche Forecasting-Projekte zeichnen sich dadurch aus, dass sie nicht nur Technologie, sondern auch Prozesse und Menschen mitdenken. Das bedeutet konkret: (1) Zentrale Integration der Datenquellen (CRM, FSM, ERP, IoT), (2) konsistente Datenqualität und -pflege, (3) rollenbasierte Visualisierung der Prognoseergebnisse, und (4) kontinuierliches Re-Training der Modelle anhand realer Outcomes. Besonders effektiv sind Forecasting-Lösungen dann, wenn sie nicht isoliert, sondern direkt in operative Systeme und Entscheidungen integriert werden, etwa in Schichtplanung, Routing oder Eskalationssteuerung (vgl. McKinsey, 2024d).

Ein interessantes Beispiel stammt aus dem Health-Tech-Sektor: Ein Hersteller von Medizingeräten kombiniert Echtzeit-IoT-Daten mit historischen Wartungsmeldungen, um Ausfallwahrscheinlichkeiten zu prognostizieren. Die Ergebnisse werden automatisiert in Serviceeinsätze übersetzt, inklusive vorgeschlagener Ersatzteile, Einsatzdauer und Priorisierung. Das Resultat: ein proaktiver Serviceansatz, der ungeplante Downtimes in Kliniken um 30 % reduziert hat.

Entscheidend für die Akzeptanz solcher Lösungen ist eine transparente Kommunikation der Prognosequalität. Forecasts sind nie zu 100 % korrekt, aber sie liefern robuste Entscheidungsgrundlagen, wenn ihre Unsicherheiten, Wahrscheinlichkeitsintervalle und Annahmen offen gelegt werden. Deshalb setzen sich in der Praxis sogenannte „Explainable AI"-Komponenten durch, die nicht nur ein Ergebnis zeigen („80 % Ticketanstieg in Region Süd"), sondern auch die Gründe dafür („Saisonbeginn, Gerätemodell X, kürzliches Software-Update") (vgl. Accenture, 2023).

Zukunftsweisend ist der Übergang von reiner Vorhersage zu „**Prescriptive Forecasting**", also der automatisierten Ableitung konkreter Handlungsoptionen. Systeme schlagen nicht nur vor, wann ein Engpass entsteht, sondern auch, wie er vermieden werden kann: durch Kapazitätsumschichtung, Terminpriorisierung oder präventive Wartung. Damit wird Forecasting zum strategischen Steuerungsinstrument, das nicht nur informiert, sondern agiert.

3.7   Modul 7: 360°Kundensicht & Battle Card

Eine ganzheitliche Sicht auf den Kunden ist der Schlüssel zu einem konsistenten, hochwertigen und vorausschauenden Serviceerlebnis. Insbesondere im B2B-Kontext agieren Servicemitarbeitende heute häufig im Spannungsfeld aus technischen Informationen, Vertragsdetails, Ticketverläufen und Eskalationshistorien. Die

Fähigkeit, diese verstreuten Informationen in Echtzeit konsolidiert abrufen und deuten zu können, ist entscheidend für Effizienz, Qualität und Kundenbindung. Die Lösung: eine intelligente 360°-Kundensicht – ergänzt durch sogenannte **Service Battle Cards**, die als kompakte, rollenbasierte Übersichten alle relevanten Fakten für die Interaktion bündeln.

Trotz verfügbarer CRM-Systeme bleibt die Umsetzung dieser Idee in der Praxis häufig unvollständig. Daten liegen in Silos, in ERP-Systemen, Vertragsdatenbanken, Ticketplattformen, Wissensdatenbanken oder gar E-Mail-Postfächern. Das Resultat: Intransparenz, ineffiziente Suchprozesse, Medienbrüche und inkonsistente Kommunikation. Laut einer Studie von Salesforce (2023) verbringen Serviceagent:innen bis zu 40 % ihrer Zeit damit, nach Informationen zu suchen, die eigentlich direkt verfügbar sein müssten.

Eine moderne 360°-Kundensicht geht deshalb über einfache CRM-Tabellen hinaus. Sie verbindet operative Informationen (z. B. offene Tickets, SLA-Status, Gerätestatus), kaufmännische Aspekte (z. B. Verträge, Service-Level-Vereinbarungen, Umsatzpotenziale) und historische Kontextdaten (z. B. Eskalationsverlauf, Zufriedenheitswerte, Service Scorecards). Idealerweise werden diese Informationen nicht nur aggregiert, sondern in einer intuitiven Oberfläche dynamisch dargestellt – mit Filterfunktionen, Drill-downs, Kunden-Timelines oder Interaktionsverlauf in Echtzeit.

Battle Cards fungieren dabei als taktisches Frontline-Werkzeug. Sie liefern einen prägnanten, handlungsorientierten Überblick: Wer ist der Ansprechpartner? Welcher Vertrag ist aktiv? Welche Probleme gab es zuletzt? Gibt es aktuelle Upselling-Signale? Ist der Kunde kritisch, loyal oder latent abwanderungsgefährdet? Durch die Einbindung externer Datenquellen wie Social Listening, CRM-Engagement-Level oder sogar ERP-Absatzprognosen werden Battle Cards zu einem strategischen Asset in der servicegestützten Kundenentwicklung (vgl. Gartner, 2023).

Ein Praxisbeispiel aus dem Maschinenbau: Dort wurde eine rollenbasierte 360°-Sicht für Techniker:innen, Teamleads und Key-Account-Manager eingeführt. Während die Technikteams vor Ort Informationen zu Gerätetyp, Wartungshistorie, Ersatzteilverfügbarkeit und offenen Störungen sehen, erhält das Account-Management gleichzeitig Einblicke in Vertragsstatus, Preissensitivität, vergangene Eskalationen und neue Bedarfe. Die Folge: ein kohärenter Kundenauftritt über alle Servicephasen hinweg, mit messbar höherer Kundenzufriedenheit und reduzierten Rückfragen.

Für die Implementierung sind vor allem zwei Faktoren entscheidend: (1) die technische Integration heterogener Datenquellen und (2) die intelligente Rollensteuerung über ein zentrales Berechtigungsmodell. Besonders effektiv sind

Plattformansätze, die sowohl CRM-, Ticketing- als auch ERP-Daten modellieren und kontextualisieren, etwa über eine gemeinsame Datengrundlage (Data Layer) oder sogenannte Customer Data Platforms (CDPs) mit KI-Analysefunktionen.

Auch die Kombination mit KI-gestützter Next Best Action Logik eröffnet Potenziale: Auf Basis der aktuellen Kundenlage schlägt das System vor, proaktiv ein Gespräch anzubieten, ein Supportpaket zu verlängern oder einen Wartungstermin zu optimieren, automatisch, personalisiert und mit klarer Argumentationshilfe (Accenture, 2023). Damit wird die 360°-Sicht nicht nur zur Informationsquelle, sondern zur Aktionsplattform für Service-Exzellenz und Kundenbindung.

In Summe ist die 360°-Kundensicht weit mehr als ein Dashboard. Sie ist Ausdruck einer unternehmensweiten Haltung: den Kunden nicht als Ticketnummer, sondern als Geschäftspartner mit Historie, Kontext und Potenzial zu verstehen. Unternehmen, die diesen Ansatz konsequent operationalisieren, schaffen nicht nur Effizienz – sie bauen Vertrauen, Kontinuität und Differenzierung auf.

3.8   Modul 8: Next Best Action (NBA)

Kundenerwartungen im Service haben sich grundlegend verändert: Standardlösungen genügen längst nicht mehr. Stattdessen wird proaktives Handeln erwartet, individuell, schnell und konsistent. Genau hier setzt das Konzept der **Next Best Action (NBA)** an: KI-basierte Systeme analysieren in Echtzeit die Gesamtsituation eines Kunden und schlagen gezielte nächste Schritte vor. Diese können beratend, kommunikativ, operativ oder auch kommerziell sein, stets abgestimmt auf Kontexte, Kanäle und Historie.

Im Zentrum steht die Frage: **Was ist die sinnvollste nächste Handlung, um die Kundensituation zu verbessern oder das Kundenpotenzial auszuschöpfen**? Während im Marketingbereich NBA seit Jahren im Einsatz ist (z. B. für Produktempfehlungen), etabliert sich das Konzept zunehmend auch im **Servicebereich**, insbesondere bei großen Kundenkontaktvolumina und hoher Prozesskomplexität (Gartner, 2023).

Eine NBA-Logik analysiert in Echtzeit alle verfügbaren Kundendaten: aktuelle Anliegen, Interaktionshistorie, Vertragsstatus, SLA-Situation, Tonalität der letzten Kommunikation, Kauf- und Nutzungsverhalten sowie interne Systeminformationen. Daraus leitet sie Vorschläge ab, etwa:

- **„Verweise auf ein Self-Service-Angebot"**, wenn der Kunde ein Standardproblem meldet, das bereits in der Knowledge Base gelöst ist.

- **„Biete ein SLA-Upgrade an"**, wenn ein Kunde wiederholt innerhalb enger Fristen Support benötigt.
- **„Lade zum Gespräch mit einem Expert:in ein"**, wenn sich ein technisches Thema zuspitzt und hohe wirtschaftliche Relevanz vermuten lässt.

Die operative Umsetzung erfolgt oft über sogenannte **Action Engines**, also KI-gesteuerte Regelwerke, die auf vordefinierten Business-Zielen (Kundenzufriedenheit, Churn-Reduktion, Effizienz) basieren. Diese Systeme lernen kontinuierlich aus Erfolgsquoten und Feedbacks und optimieren ihre Handlungsempfehlungen fortlaufend.

Ein Beispiel aus der Versicherungsbranche: Dort wurde eine NBA-Lösung in den Kundensupport integriert. Sobald ein Kunde telefonisch ein Problem meldet, analysiert das System in Sekundenschnelle seinen Kundenwert, frühere Kontakte, emotionale Tonlage im Call (über Sentiment Analysis) sowie Cross-Sell-Indikatoren aus dem CRM. Die Servicemitarbeitenden erhalten daraufhin konkrete Handlungsempfehlungen: ein Kulanzangebot, ein Rückrufversprechen oder ein Hinweis auf ein Zusatzprodukt. Die Folge: signifikant höhere Abschlussraten bei Zusatzprodukten und eine messbar gesteigerte Kundenzufriedenheit.

Auch im technischen Service bietet NBA enorme Potenziale. Bei einem Industriegüterhersteller schlägt das System automatisch vor, einen Field-Service-Einsatz zu eskalieren, wenn eine Kombination aus Gerätetyp, Alter, Fehlercode und Ticketanzahl ein drohendes SLA-Verletzungsrisiko signalisiert. Damit werden Reaktionszeiten verkürzt und teure Vertragsstrafen vermieden.

Wichtig ist, dass NBA nicht als starre Automatisierung verstanden wird. Vielmehr handelt es sich um ein **dynamisches Entscheidungsunterstützungssystem**, die letzte Entscheidung bleibt immer beim Menschen. Unternehmen, die NBA erfolgreich einführen, berichten daher auch über steigende Zufriedenheit auf Mitarbeitendenseite: Der Systemvorschlag wird als Unterstützung wahrgenommen, nicht als Kontrolle (Accenture, 2023).

Ein weiteres Schlüsselelement ist die Integration in die Benutzeroberfläche: Die Handlungsempfehlung muss **zum richtigen Zeitpunkt im richtigen Kontext erscheinen**, z. B. im CRM, im Chat, im Ticket-System oder in mobilen Apps für den Außendienst. Erfolgreiche NBA-Lösungen setzen dabei auf eine modulare Architektur mit API-Anbindung und rollenbasierten Zugriffskonzepten.

Perspektivisch entwickelt sich NBA vom reaktiven zum **proaktiven Steuerungsmechanismus**: Systeme erkennen nicht nur, was als Nächstes getan werden sollte, sie erkennen, **wann es überhaupt sinnvoll ist zu handeln**. In Kombination mit Predictive Analytics, Kundenwertmodellen und Verhaltensanalysen entsteht ein intelligentes Service-Ökosystem, das Kundenbeziehungen nicht mehr nur verwaltet, sondern kontinuierlich verbessert.

3.9   Modul 9: Lead Scoring

Traditionell galt Lead Scoring als Domäne des Vertriebs – primär zur Bewertung und Priorisierung potenzieller Kunden auf Basis ihres Profils, Verhaltens und Interesses. Doch im Zeitalter durchgängig vernetzter Kundenbeziehungen und Customer Journeys wandelt sich diese Perspektive. Auch im Service eröffnet Lead Scoring erhebliche Potenziale: Gerade in diesem Kontext entstehen täglich hochwertige Kundenkontakte, in denen nicht selten ein latenter Bedarf mitschwingt – jedoch bislang weitgehend ungenutzt bleibt. Ziel ist es daher, Serviceinteraktionen systematisch zu analysieren und daraus relevante Potenziale für Zusatzverkäufe, Upgrades oder neue Dienstleistungen zu identifizieren und gezielt zu adressieren.

Im Zentrum steht die Frage: Wie wahrscheinlich ist es, dass aus einem Servicekontakt ein konkretes Angebot oder eine Erweiterung resultieren kann?

Moderne Scoring-Modelle im Serviceumfeld nutzen KI-basierte Algorithmen, die eine Vielzahl an strukturierten und unstrukturierten Datenpunkten in eine bewertbare Kennzahl – den sogenannten Lead Score – übersetzen. Dieser numerische Wert gibt Aufschluss darüber, wie „reif" ein Kontakt für eine gezielte Ansprache ist. Gleichzeitig formulieren die Systeme eine Empfehlung: etwa eine Übergabe an den Vertrieb, eine proaktive Kontaktaufnahme durch den Service oder eine automatisierte, kontextbasierte E-Mail-Sequenz.

Typische Faktoren, die in Lead-Scoring-Modelle für Servicekontexte einfließen, sind unter anderem:

- Produkttyp und Lebenszyklus (z. B. Geräte mit baldigem Garantieablauf)
- Nutzungsmuster von Supportleistungen
- Zufriedenheitskennzahlen und Tonalitätsanalysen aus Kommunikation
- Vertragsdauer, Leistungsumfang und SLA-Niveau
- Interaktion mit Serviceangeboten (z. B. Annahme von Wartungsvorschlägen)
- Systemdaten (z. B. Aktivierungsgrad, Fehlerfrequenz)

Ein Beispiel verdeutlicht die Relevanz: Ein Anbieter cloudbasierter SaaS-Lösungen analysiert Supporttickets gezielt auf Expansionstreiber. Liegt eine Häufung von Anfragen zu erweiterten Funktionen vor, gepaart mit intensiver Nutzung und einem bevorstehenden Vertragsende, generiert das System automatisch einen Lead Score über 80 %. In der Folge erhält der zuständige Account Manager eine Zusammenfassung aller relevanten Kontaktpunkte, ergänzt durch konkrete Handlungsempfehlungen – etwa ein individualisiertes Upgrade-Angebot oder eine Einladung zu einem Bedarfsgespräch. Das Ergebnis: eine gesteigerte Upgrade-Quote und messbar verbesserte Kundenbindung.

Für die praktische Umsetzung ist die nahtlose Integration in CRM- und Servicesysteme zentral. Moderne Plattformen ermöglichen eine Echtzeit-Bewertung von Servicekontakten und visualisieren den jeweiligen Score direkt im Ticket oder Kundenprofil. Ergänzend erfolgt eine qualitative Einordnung über sogenannte Empfehlungs-Tags wie „Upgrade-Chance" oder „Erweiterung denkbar". Erfolgreiche Unternehmen definieren gemeinsam mit Service- und Vertriebsverantwortlichen, ab welchem Schwellenwert eine Übergabe erfolgt – idealerweise auf Basis historischer Erfolgsquoten und kontinuierlicher Rückkopplung.

Ein zusätzlicher Vorteil intelligenter Scoring-Systeme liegt in der Vermeidung unnötiger Kontaktaufnahme. Nicht jeder Servicekontakt sollte automatisch in eine Verkaufssituation münden – zu hoch wäre das Risiko, als aufdringlich wahrgenommen zu werden. Stattdessen fokussieren moderne Modelle auf die Identifikation tatsächlich relevanter Signale, wodurch Effizienz und Kundenzentrierung gleichermaßen profitieren.

In Kombination mit Conversational AI entstehen weitere Potenziale: KI-gestützte Chatbots können während der Interaktion Hinweise auf latente Bedarfe erkennen („Ich habe gelesen, dass Sie neue Module anbieten – wie funktionieren die?") und diese mit bestehenden Scoring-Modellen abgleichen. Auch im Kontext von E-Mail-Kommunikation lassen sich Sentiment-Analysen und Intent-Erkennung einsetzen, um verborgene Expansionschancen zu identifizieren.

Nicht zuletzt hat Lead Scoring im Service auch eine strategische Funktion: Es macht das verborgene Potenzial von Serviceeinheiten sichtbar und positioniert den Service als aktiven Beitrag zur Wertschöpfung. Unternehmen, die diese Logik etablieren, entwickeln crossfunktionale Steuerungsmodelle, in denen Service nicht mehr als Kostenstelle, sondern als Lead Engine verstanden wird – datenbasiert, integriert und wirksam.

3.10   Modul 10: Case2Resolution (C2R)

Serviceorganisationen stehen heute vor der Herausforderung, komplexe Kundenanliegen effizient, transparent und nachhaltig zu lösen. Dabei reicht es nicht mehr aus, Tickets zu erfassen und zu verteilen, gefragt ist ein ganzheitlicher Ansatz, der sämtliche Schritte vom Erstkontakt bis zur finalen Lösung orchestriert. Genau das beschreibt das Konzept **Case2Resolution (C2R)**: Es steht für einen End-to-End-Ansatz in der Fallbearbeitung, bei dem Prozesse, Daten und Verantwortlichkeiten systematisch verzahnt werden, über Abteilungs-, Kanal- und Systemgrenzen hinweg.

Im Mittelpunkt steht die Idee, einen Kundenfall nicht als isolierte Interaktion, sondern als durchgängigen Prozess mit klaren Rollen, Stati, Eskalationswegen und Ergebniserwartungen zu verstehen. Dabei spielt die Digitalisierung eine zentrale Rolle, denn nur durch die Integration relevanter Systeme (CRM, Ticketing, ERP, Wissensdatenbank, E-Mail, Chat, etc.) lassen sich C2R-Prozesse automatisiert, transparent und effizient abbilden (Gartner, 2023).

Ein typischer Case2Resolution-Prozess umfasst:

1. Kanalübergreifende Anliegenaufnahme (Omnikanal inkl. Telefon, Chat, Mail, Self-Service)
2. Automatische Kategorisierung und Priorisierung durch KI
3. Zuweisung an zuständige Einheiten oder Expertenpools
4. Bearbeitung mit Unterstützung durch Wissensdatenbanken, Co-Piloten oder Workflows
5. Transparente Kommunikation mit dem Kunden über alle Prozessphasen
6. Abschluss, Dokumentation und Nachbereitung (z. B. Feedback, Zufriedenheit)

In der Praxis ist dieser Idealzustand jedoch selten vollständig realisiert. Laut einer Studie von PwC (2023) können nur 31 % der befragten Unternehmen Serviceanliegen durchgängig in einem einzigen System abbilden. In der Folge entstehen Brüche, Informationsverluste und unnötige Schleifen, mit negativen Folgen für Kundenzufriedenheit, Mitarbeitendenbelastung und Bearbeitungszeit.

Ein Beispiel aus der Energiebranche: Ein Versorgungsunternehmen hat ein zentrales C2R-System eingeführt, das alle Kundenanliegen, von Stromausfällen über Zählerwechsel bis zu Vertragsfragen, in einem durchgängigen Workflow abbildet. Dabei kommen KI-gestützte Klassifizierer, digitale Assistenten für die Mitarbeitenden und automatisierte Rückmeldungen zum Einsatz. Die durchschnittliche Lösungszeit sank, gleichzeitig stieg die First Contact Resolution Rate.

Ein Erfolgsfaktor liegt in der Visualisierung und Steuerung offener Fälle. Dashboards zeigen in Echtzeit, wie viele Fälle in welchem Status sind, wo es Engpässe gibt, und ob SLA-Fristen gefährdet sind. So kann die Führung frühzeitig eingreifen, etwa durch Kapazitätsumschichtungen oder Eskalationsmechanismen.

Auch das Kundenerlebnis profitiert: Statt mehrfach nachfragen zu müssen, erhält der Kunde proaktiv Updates zum Bearbeitungsstand, ähnlich wie beim Tracking eines Pakets. Über Portale, E-Mails oder Chatbots kann er jederzeit den Status prüfen, Unterlagen nachreichen oder Rückfragen stellen. Diese Transparenz schafft Vertrauen, reduziert Rückfragen und erhöht die wahrgenommene Servicequalität.

Für eine erfolgreiche Einführung von C2R sind vier Prinzipien zentral:

- **End-to-End-Denken**: Kein Silodenken mehr, alle Schritte vom Anliegen bis zur Lösung müssen abgebildet werden.
- **Prozessstandardisierung**: Wiederkehrende Prozesse werden modelliert, dokumentiert und ggf. automatisiert.
- **Systemintegration**: Alle relevanten Anwendungen müssen nahtlos zusammenspielen (z. B. über APIs oder Integrationsplattformen).
- **Empowerment der Mitarbeitenden**: C2R ist kein Ersatz für menschliche Kompetenz, sondern ein Hebel zur besseren Entscheidungsfindung, Kommunikation und Lösungsorientierung.

Langfristig entwickelt sich C2R zum Rückgrat intelligenter Serviceorganisationen: Es verbindet Prozessautomatisierung, Kundenfokus, KPI-Steuerung und Wissensmanagement – und bildet so die Grundlage für skalierbaren, hochwertigen Service im digitalen Zeitalter.

3.11   Modul 11: Digitale Service Copiloten

Mit dem rasanten Aufstieg generativer KI-Modelle ziehen digitale Assistenzsysteme zunehmend in den Servicealltag ein. Was in der Softwareentwicklung längst unter dem Begriff „Copilot" etabliert ist, entwickelt sich nun im Servicekontext zur neuen Benchmark: der Digitale Service Copilot. Dieses KI-basierte Assistenzsystem begleitet Servicemitarbeitende in Echtzeit – individuell, kontextbezogen und wirksam. Es reduziert Komplexität, erhöht die Handlungssicherheit und verbessert die Reaktionsgeschwindigkeit – insbesondere bei wissensintensiven oder hochfrequenten Serviceanfragen.

Ein Digitaler Service Copilot agiert als orchestrierender Layer zwischen Mensch, Systemen und Prozessen. Er analysiert strukturierte und unstrukturierte Daten, verarbeitet Spracheingaben, greift auf unternehmensinterne Systeme zu und liefert daraus konkrete Hilfestellungen. Die Interaktion erfolgt dabei multimodal: beispielsweise per Sprache im Callcenter, über Text im CRM oder via mobiler App im Field Service. Der Funktionsumfang reicht von einfachen Antwortvorschlägen bis hin zu komplexer Entscheidungsunterstützung, die sich dynamisch an den jeweiligen Anwendungsfall anpasst.

Zentrale Funktionalitäten eines modernen Digitalen Service Copiloten sind:

- Automatisierte Informationsaggregation aus heterogenen Quellen wie SAP Business AI (ERP), Salesforce Agentforce (CRM), ServiceNow Agentic AI (Ticketsysteme) oder Wissensdatenbanken – inklusive semantischer Relevanzbewertung.
- Echtzeit-Empfehlungen zur Gesprächsführung, Lösungsauswahl oder Eskalation, basierend auf Erfahrungswerten, SLA-Vorgaben und Fehlerbildern – wie z. B. bei Microsoft Copilot im First-Level-Support.
- Sprach- und textbasierte Formulierungshilfen für E-Mails, Gesprächsprotokolle oder Systemdokumentationen – automatisiert und tonalitätsoptimiert.
- Systemnavigation durch adaptive Workflow-Vorschläge, etwa bei seltenen Fallkonstellationen oder komplexen Anwendungsumgebungen.
- Just-in-time Coaching mit kontextsensitiven Guidelines, FAQ-Auszügen oder interaktiven Lernmodulen – abgestimmt auf Rolle, Erfahrungsgrad und Nutzungshistorie.

Ein Beispiel aus der technischen Kundenbetreuung illustriert den Mehrwert: Ein Industrieunternehmen integrierte SAP Business AI in seinen Serviceprozess. Der Copilot aggregiert seither automatisch Informationen zur Gerätehistorie, Ersatzteilverfügbarkeit und SLAs – inklusive priorisierter Handlungsempfehlung. Die Bearbeitungszeit pro Ticket sank, während sich die First Contact Resolution signifikant erhöhte.

Im Außendienst unterstützt eine Mobile App Servicetechniker (z. B. Azure-basiert oder ServiceNow Field Service) mit Schritt-für-Schritt-Anleitungen, Fehlerbildanalysen und Sprachsteuerung. Fotos, Sprachmemos und Checklisten werden automatisch strukturiert und dokumentiert – ein entscheidender Effizienzgewinn im Feld.

Die Stärke moderner Systeme liegt in ihrer personalisierten Intelligenz: Salesforce Agentforce erkennt Nutzerverhalten, Erfahrungsstand und Rollenanforderung und passt Reaktionsstil sowie Informationsdichte automatisch an. Junior-Mitarbeitende erhalten ausführliche Hilfestellungen, erfahrene Experten kompakte Shortcuts – stets kontextoptimiert.

Technologisch basieren diese Co-Piloten oder AI Agents auf multimodalen Orchestrierungsarchitekturen, die generative Sprachmodelle, semantische Suchsysteme, Prozessautomatisierung und Unternehmensdatenräume kombinieren. Plattformen wie Microsoft Azure Open AI oder ServiceNow Agentic AI ermöglichen eine DSGVO-konforme, skalierbare Implementierung – inklusive Audit-Fähigkeit, Rollentrennung und Zugriffsbeschränkungen.

Doch jenseits aller Technologie ist der zentrale Nutzen menschlicher Natur: Co-Piloten erhöhen die Selbstwirksamkeit, senken Stresslevel, beschleunigen die Einarbeitung und professionalisieren den Kundenkontakt. Mitarbeitende fühlen sich nicht ersetzt, sondern befähigt – gerade in komplexen oder dynamischen Serviceumgebungen. In Zeiten von Fachkräftemangel und steigenden Kundenerwartungen wird genau das zum entscheidenden Hebel für Wettbewerbsfähigkeit, Resilienz und Kundenbindung.

3.12   Modul 12: Intelligentes Inputmanagement

Anfragen mannigfaltiger Art und Weise erreichen Unternehmen tagtäglich über eine Vielzahl von Kanälen – E-Mail, Chat, Telefon, Portale oder klassisch per Brief. Die manuelle Verarbeitung dieser Anfragen bindet nicht nur wertvolle Ressourcen, sondern verlangsamt auch die Prozessgeschwindigkeit signifikant. Studien und Erfahrungswerte aus der Praxis zeigen, dass die Bearbeitung einer einzelnen E-Mail durchschnittlich 10 bis 15 min beansprucht. Hochgerechnet bedeutet dies, dass ein Mitarbeiter im Service bis zu einem Viertel der reinen Arbeitszeit allein für das Lesen, Klassifizieren und Weiterleiten aufwendet (vgl. Zendesk, 2025; Plivo, 2025).

In Zeiten von Fachkräftemangel, steigenden Kundenerwartungen und wachsendem Kommunikationsvolumen ist dieses Modell nicht mehr zukunftsfähig und bedarf einer skalierbaren Alternative. Moderne Inputmanagement-Systeme (IPM) wirken dieser Herausforderung effizient entgegen. Sie verwenden künstliche Intelligenz – insbesondere Large Language Models (LLMs) – um eingehende Kundenanfragen bzw. Informationen effizient zu analysieren, automatisch zu klassifizieren und relevante Daten für Folgeprozesse zu extrahieren (vgl. RUBICON Acta Nova, 2024; SER Group, 2023).

Ein modernes IPM beginnt mit der präzisen Erkennung der Anfrageart (Abb. 3.3). Anstelle starrer Regeln kommen LLMs und Methoden des Natural Language Processing (NLP) zum Einsatz. Diese verstehen den semantischen Kontext und identifizieren implizit die korrekten Anliegen – z. B. Reklamation, Adressänderung oder Schadenmeldung – auch bei Kombinationen aus Anliegen.

Besonders leistungsfähig zeigen sich IPM-Systeme im Umgang mit Anhängen. Mittels Agentic OCR und multimodaler LLMs lassen sich Inhalte aus PDFs, Tabellen oder Bildern automatisch erfassen, interpretieren und dem jeweiligen Anliegen zuordnen (vgl. RUBICON Acta Nova, 2024).

Ein zentrales Merkmal ist die bidirektionale Omnikanal-Fähigkeit. Kunden können ihre Anliegen über einen Kanal starten und über einen anderen fortführen –

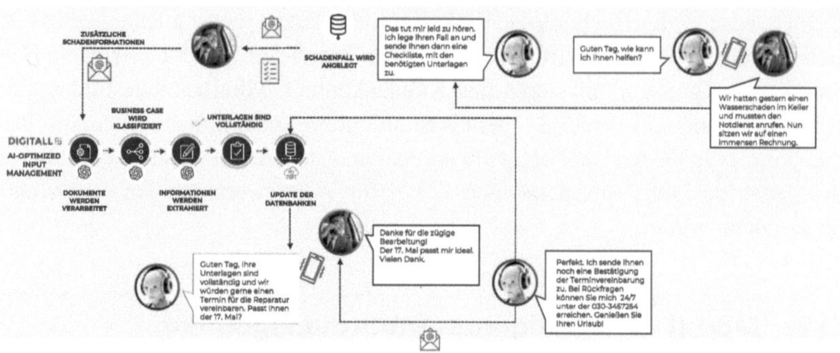

Abb. 3.3 Omnikanales intelligentes Inputmanagement

z. B. mündlich per Telefon beginnen und schriftlich per Mail ergänzen. Das System erkennt den gemeinsamen Vorgang, verknüpft die Informationen nativ und stellt alle relevanten Daten zentral zur Verfügung. So wird eine kanalübergreifend konsistente Bearbeitung ermöglicht (vgl. RTInsights, 2024; CXNetwork, 2024).

Ein typisches Beispiel ist hier stellvertretend die Schadenmeldung nach einem Autounfall bei einer Versicherung. Der Erstkontakt erfolgt in der Regel telefonisch. Nach der initialen Aufnahme des Schadens und Abstimmung zur weiteren Vorgehensweise bedarf es weiterführender Dokumente, wie z. B. einen Polizeibericht, Beweisfotos, Rechnungen – typische Angaben, die schriftlich vorliegen und dokumentiert werden müssen.

Die Integration von schriftlichen Input- mit sprachbasierten Kanälen ist von besonderer Bedeutung. Voice-basierte KI-Systeme können natürliche Dialoge führen, Anliegen klassifizieren und fehlende Informationen gezielt nachfragen. Damit lässt sich in Kombination mit einem IPM ein ganzheitliches Service-Ökosystem orchestrieren, das Sprach- und Textkanäle rund um die Uhr in Echtzeit verbindet (vgl. RTInsights, 2024).

Die Automatisierung repetitiver Aufgaben entlastet Teams, reduziert Fehler und schafft Freiräume für die Bearbeitung komplexerer Vorgänge. Gleichzeitig verbessert sich die Datenqualität durch programmatische Analyse und Extraktion. Diese Vorteile lassen sich anhand eines Rechenbeispiels veranschaulichen: Bei 10.000 E-Mails pro Jahr und einer automatisierten Klassifikationsrate von 75 % lassen sich im Vergleich zur manuellen Bearbeitung rund 140 Arbeitstage jährlich einsparen. Ergänzend kann die Prozessdauer von 10–15 auf 1–2 min optimiert werden (eigene Berechnung).

Technologisch bieten Plattformen wie Microsoft Azure in Kombination mit Azure OpenAI eine performante Grundlage für die Integration in bestehende IT-Infrastrukturen. In der Regel sind keine Dritt-Systeme erforderlich, was Implementierung, Betrieb und Skalierung erleichtert. Gleichzeitig wird die Einhaltung regulatorischer Vorgaben wie der DSGVO gewährleistet (vgl. Microsoft, 2025c).

Ein solches LLM-gestütztes Inputmanagement ist keine Zukunftsvision mehr. Es bildet heute einen strategischen Hebel zur Optimierung von Serviceprozessen und sichert Wettbewerbsvorteile durch bessere Kundenerlebnisse – zudem entlastet es Mitarbeitende angesichts des Fachkräftemangels.

Doch technologische Leistungsfähigkeit allein genügt nicht. Die Einführung von IPM-Systemen erfordert gezieltes Change Management. Mitarbeitende müssen eingebunden, Prozesse angepasst und Governance-Strukturen überarbeitet werden. Nur so entfaltet die Technologie im operativen Alltag ihre volle Wirkung.

Ein zukunftsfähiges Inputmanagement ist damit weit mehr als ein intelligentes Postfach. Es ist die digitale Schaltzentrale zwischen Kundenkontakt, Kommunikationskanal und Wertschöpfungskette – und damit ein integraler Bestandteil des intelligenten Arbeitsplatzes im Service.

3.13   Modul 13: Intelligentes Eskalationsmanagement

In serviceorientierten Organisationen entstehen tagtäglich Situationen, die außerhalb standardisierter Prozessroutinen verlaufen. Diese Situation sind geprägt von unvollständigen, intransparenten, zeitkritischen oder eskalationsgefährdeten Sachlagen. Solche Ausnahmefälle wirken häufig wie Sand im Getriebe hochoptimierter und weitgehend automatisierten Serviceprozessen: schwer zu klassifizieren, ressourcenintensiv in der Koordination und besonders anfällig für Fehler oder Verzögerungen sind dabei typische Auslöser. Klassisch sequenzielle Workflows stoßen hier schnell an ihre systemischen Grenzen. Häufig sind diese auf strukturierte, vorhersagbare Abläufe ausgelegt. Genau an diesem Punkt setzt ein intelligentes Eskalationsmanagements an: Es adressiert gezielt jene Fälle, die sich der Regel entziehen. Unter Nutzung von methodischer Konsequenz und KI-gestützter Reaktionsfähigkeit begegnet dieses Modell diesen Sondersituationen (vgl. ServiceNEX, 2025; Occamise, 2024).

Die Herausforderung beginnt mit dem Moment der Regelverletzung oder der Abweichung: Eine Frist läuft ab, ein Kunde zeigt sich ungewohnt unzufrieden, oder eine Anfrage findet keine konkrete Zuständigkeit. Ein intelligentes Eskalationsmanagement verfolgt in diesen Situationen einen präskriptiven Ansatz: Es erkennt diese Ausnahmen und analysiert zusätzlich deren Signifikanz. Gleichzeitig bewertet es die Dringlichkeit und triggert anhand des etablierten Regelwerkes geeignete Folgeaktionen (vgl. Occamise, 2024).

Im Zentrum dieses Managements stehen KI-gestützte Decision Engines, die auf Basis historischer Verläufe, aktueller Kontexte und definierter Business Rules situativ Entscheidungen treffen. Kriterien wie Kundensegment, Vorfalltyp, Interaktionshistorie, bisherige Lösungsversuche oder Sentiment Analysen aus vorangegangenen Interaktionen fließen nativ in diese Bewertung ein (vgl. McKinsey & Company, 2024c; MJBtech, 2025).

Der operative Mehrwert entsteht durch die Verknüpfung dieses analytisch geprägten Ansatzes mit dynamischen Aktionen: Beispielsweise wird situationsabhängig ein Servicemitarbeiter informiert, eine Zeitdauer für eine erste Reaktion definiert oder eine Priorisierung vorgenommen. In Abhängigkeit zur Komplexität der Situation erfolgte die Initiierung eines mehrstufigen Konstruktes zur Bearbeitung. Dabei gilt zu berücksichtigen, dass nicht jede Abweichung eine Eskalation nach sich zieht. Ziel ist nicht maximale Alarmierung, sondern selektive Steuerung (vgl. Twig.so, 2025; Kodif.ai, 2024).

Ein typisches Einsatzszenario für ein intelligentes Eskalationsmanagement ist das SLA-basierte Vertragsumfeld im B2B-Service: Fällt ein kritisches System aus, erfolgt parallel die Aktivierung diverser Aktionen. Neben einem proaktiven Kundenkontakt durch einen Voicebot, erfolgt gleichzeitig die Aktivierung eines Technikerteams via Serviceportal als auch optional die unmittelbare Einbindung eines Eskalationsteams. Jede dieser Aktionen wird KI-basiert gesteuert und dokumentiert. Das Ergebnis: ein schrittweise kontrollierter, nachvollziehbarer und auditierbarer Eskalationsprozess mit minimalem manuellen Koordinationsaufwand (vgl. ServiceNEX, 2025; Rishan Digital, 2025).

Auch im Beschwerdemanagement lassen sich mehrwertige Anwendungsszenarien ableiten. Kundenuntypische Tonalitäten in der Kommunikation werden erkannt und als potenzielle Risiken identifiziert. Dies hat, noch bevor der Fall potenziell eskaliert, einen automatisierten Eingriff des Qualitätsmanagements zur Folge. Nicht nur die Reaktionszeit sinkt signifikant, gleichzeitig wird intuitiv Kundenzufriedenheit stabilisiert (vgl. Twig.so, 2025).

Besonders wirkungsvoll entfaltet sich ein solcher Ansatz, wenn er als vertikale Steuerungsschicht über etablierte Systeme gelegt wird. Er erweitert beispielsweise das Inputmanagement um eine weitere Bewertungsdimension: Es wird nicht „nur" das Anliegen analysiert, sondern auch dessen Kritikalität. Er ergänzt weiterhin das Case-to-Resolution um spezifische Sonderfallpfade und nutzt Trigger aus einer Next-Best-Action Engine zur präventiven Eskalationsvermeidung. So entsteht nativ ein adaptives, robustes und skalierbares Ausnahmehandling (vgl. ServiceNEX, 2025; Twig.so, 2025).

Low-Code-fähige Workflow-Plattformen bilden in der Regel die Basis, um Entscheidungsbäume und Anomalie-Detektionsmodule aufzusetzen. In diesem Zusammenhang kommen vermehrt prädiktive Trigger zum Einsatz. Diese analysieren zusätzlich die Bearbeitungszeit vergleichbarer Fälle und prognostizieren frühzeitig, ob der vorliegende Vorgang noch sich noch innerhalb der definierten SLA-Grenzen liegt. Dieses aktive Monitoring hilft dabei nicht nur Ausnahmefälle zu verwalten, sondern auch operative Risiken proaktiv mitigieren (vgl. McKinsey, 2024c; Amplework, 2025).

Fazit: Die Aufgabe eines intelligentes Eskalationsmanagement ist nicht die ein reaktives Schadensbegrenzungssystem abzubilden – es ist mehr! Es ist das Grundgerüst einer strategisch vorausschauenden Serviceorganisation. Es ergänzt klassische Prozesslogiken um ein dynamische Reaktionsmuster. Dabei folgt es weniger vordefinierten Templates und Automatisierungen, sondern ist vielmehr durch kontextbasierte Konstellationen steuerbar. In einer Zeit, in der Kundenverhalten volatil und steigend sind, Systeme bzw. ganze Systemlandschaften immer komplexer werden, kommt der Fähigkeit einer differenzierten Ausnahmebehandlung die Rolle eines wichtigen Differenzierungsmerkmal zu. Wichtig ist: Nicht alles muss eskaliert werden! Aber alles muss erkannt, eingeordnet und steuerbar gemacht werden.

Was Sie aus diesem *essential* mitnehmen können

- KI ist künftig ein integraler Bestandteil im Service. Die vielfältigen Möglichkeiten und das immense Potenzial von KI im Service wurden erläutert.
- Einsatzgebiete umfassen Datenmanagement, Interaktion mit eigenen Daten und Bewertung von Geschäftschancen.
- KI Assistenten werden die Art und Weise, wie Servicemitarbeiter arbeiten, revolutionieren.
- KI-basierte Assistenten und Lösungen bieten ein enormes Potenzial zur Effizienzsteigerung und Fehlervermeidung im Service
- Technologische Grundvoraussetzungen sind Cloud-Fähigkeit, Mobilität, BI- und KI-Integration.
- Ziel ist die Schaffung eines „Intelligenten Arbeitsplatzes im Service", der technische Möglichkeiten in die Praxis überführt.
- KI-Integration erleichtert Automatisierung, verbessert Zusammenarbeit und ermöglicht personalisierte Kundeninteraktionen.
- Praxisorientierte Umsetzung: Branchenbeispiele aus Logistik, Transport und Industrie zeigen konkrete Anwendungsszenarien.
- Die nahtlose Integration von KI-Lösungen in bestehende Arbeitsumgebungen erleichtert die Automatisierung von Routineaufgaben und verbessert die Zusammenarbeit und Produktivität.

© Der/die Herausgeber bzw. der/die Autor(en), exklusiv lizenziert an
Springer Fachmedien Wiesbaden GmbH, ein Teil von Springer Nature 2026
M. Pufahl et al., *Intelligenter Arbeitsplatz im Service*, essentials,
https://doi.org/10.1007/978-3-658-50835-7

- Die rechtliche & ethische Compliance wurde erläutert: Einbettung von DSGVO-, EU AI Act- und Ethikrichtlinien in alle KI-gestützten Marketingprozesse.
- Transformation & ROI: KI als „Gamechanger" durch orchestrierte Verbindung von Technologie, Datenstrategie und Compliance.

Literatur

Abugo, E. (2024). AI in CRM and ERP systems: 2024 trends, innovations, and best practices. https://www.microsoft.com/en-us/dynamics-365/blog/business-leader/2024/03/04/ai-in-crm-and-erp-systems-2024-trends-innovations-and-best-practices/. Zugegriffen am 23.08.2025.

Accenture. (2023). Customer service on the brink: How generative AI transforms customer engagement. https://www.accenture.com/us-en/insights/song/customer-service-on-the-brink. Zugegriffen am 29.07.2025.

Agnese. (2024). Top 9 data visualization trends 2024. https://ajelix.com/data/data-visualization-trends/. Zugegriffen am 23.08.2025.

Amplework. (2025). Automating SLA enforcement in cloud solutions with AI and autonomous agents. https://www.amplework.com/blog/automating-sla-enforcement-ai-autonomous-agents/. Zugegriffen am 29.07.2025.

Andersen, B. (2025). Understanding the data dashboard: Definition, benefits, and examples. https://www.brainsell.com/blog/understanding-the-data-dashboard/. Zugegriffen am 23.08.2025.

Atlassian. (2025). Atlassian analytics – 2024 wrap-up. https://community.atlassian.com/t5/Atlassian-Analytics-articles/Atlassian-Analytics-2024-Wrap-Up/ba-p/2905043. Zugegriffen am 23.08.2025.

Brun, A., Liu, R., Shukla, A., Watson, F., & Gratch, J. (2025). Exploring emotion sensitive LLM based conversational AI. https://arxiv.org/abs/2502.08920. Zugegriffen am 30.07.2025.

Camunda. (2024). Process orchestration industry report 2024: Transforming disparate automations into cohesive workflows. http://page.camunda.com/wp-process-orchestration-2024-industry-report. Zugegriffen am 29.07.2025.

Camunda. (2025). The state of process orchestration & automation 2025. *Camunda*. http://camunda.com/state-of-process-orchestration-and-automation/. Zugegriffen am 29.07.2025.

CXNetwork. (2024). Artificial intelligence for an omnichannel world. *CX Network*. http://cxnetwork.com/omnichannel/articles/why-ai-and-omnichannel-go-hand-in-hand/. Zugegriffen am 29.07.2025.

Deloitte. (2023). Customer service excellence: Trends from European service leaders. http://www.deloittedigital.com/se/en/insights/perspective/deloitte-customer-excellence-report-2023.html. Zugegriffen am 29.07.2025.

Deloitte. (2024a). State of Generative AI in the enterprise: Q4 2024 report. http://www.deloitte.com/ce/en/services/consulting/research/state-of-generative-ai-in-enterprise.html. Zugegriffen am 29.07.2025.

Deloitte. (2024b). State of Generative AI in the enterprise: Now decides next. https://www.deloitte.com/global/en/about/press-room/gen-ai-survey.html. Zugegriffen am 29.07.2025.

Europäische Union. (2016). Verordnung (EU) 2016/679 des Europäischen Parlaments und des Rates vom 27. April 2016 zum Schutz natürlicher Personen bei der Verarbeitung personenbezogener Daten, zum freien Datenverkehr und zur Aufhebung der Richtlinie 95/46/EG (Datenschutz-Grundverordnung). Amtsblatt der Europäischen Union, L 119, 1–88. https://eur-lex.europa.eu/legal-content/DE/TXT/?uri=CELEX:32016R0679. Zugegriffen am 26.08.2025.

Finn, T. & Downie, A. (2024). KI im CRM. https://www.ibm.com/de-de/think/topics/ai-crm. Zugegriffen am 23.08.2025.

Gartner. (2023). Magic Quadrant for enterprise conversational AI. https://www.gartner.com/en/documents/4154599. Zugegriffen am 30.07.2025.

Gartner. (2025). Magic Quadrant and Market Guide insights for service orchestration and automation platforms. https://www.gartner.com/doc/reprints?id=1-2J0SZ222&ct=241008&st=sb. Zugegriffen am 29.07.2025.

Haufe Online Redaktion. (2023). Studie: Datenflut verhindert Entscheidungen in Unternehmen. *Haufe.de*. https://www.haufe.de/personal/hr-management/studie-datenflut-verhindert-entscheidungen-in-unternehmen_80_592196.html. Zugegriffen am 30.08.2025

IDC. (2024a). Transform customer experience with Customer Data Platform and Generative AI. *IDC*. http://blogs.idc.com/2024/08/14/transform-customer-experience-with-customer-data-platform-and-generative-ai/. Zugegriffen am 29.07.2025.

IDC. (2024b). Generative AI and Agentic AI Strategies: Trends in enterprise adoption. *IDC*. http://my.idc.com/getdoc.jsp?containerId=IDC_P38649. Zugegriffen am 29.07.2025.

Ingelheim, A. (2024). Datenschutzkonformität im Unternehmen sicherstellen. https://www.datenschutzexperte.de/blog/datenschutzkonformitat-im-unternehmen-sicherstellen, Zugegriffen am 23.08.2025.

Klett, D. (2021). Daten-Governance in der KI-Verordnung. https://www.taylorwessing.com/de/interface/2021/ai-act/data-governance-in-the-ai-regulation, Zugegriffen am 23.08.2025.

Kodif.ai. (2024). How to slash escalation response time: 5 proven strategies for success. *Kodif. ai Blog*. https://kodif.ai/blog/how-to-slash-escalation-response-time-5-proven-strategies-for-success/. Zugegriffen am 29.07.2025.

Ludolph, M. (2024). Generative KI und die Speicherbegrenzung der DSGVO. https://www.fieldfisher.com/de-de/insights/generative-ki-und-die-speicherbegrenzung-der-dsgvo. Zugegriffen am 23.08.2025.

McKinsey. (2024a). Where is customer care in 2024? Customer service evolution and AI. *McKinsey*. http://www.mckinsey.com/capabilities/operations/our-insights/where-is-customer-care-in-2024. Zugegriffen am 29.07.2025.

McKinsey. (2024b). The AI Act in the EU: Time to start preparing. *McKinsey.* http://www. mckinsey.com/capabilities/risk-and-resilience/our-insights/the-european-union-ai-act-time-to-start-preparing. Zugegriffen am 29.07.2025.

McKinsey. (2024c). Seizing the agentic AI advantage. *McKinsey.* http://www.mckinsey.com/ capabilities/quantumblack/our-insights/seizing-the-agentic-ai-advantage. Zugegriffen am 29.07.2025.

McKinsey. (2024d). Reimagining healthcare service operations in the age of AI. *McKinsey Insights.* https://www.mckinsey.com/industries/healthcare/our-insights/reimagining-healthcare-industry-service-operations-in-the-age-of-ai. Zugegriffen am 30.07.2025.

Microsoft. (2025a). Microsoft Power Platform release wave 1 plan: AI driven automation, orchestration and governance. *Microsoft Learn.* http://learn.microsoft.com/power-platform/release-plan/2025wave1/power-automate/. Zugegriffen am 29.07.2025.

Microsoft. (2025b). Governance and administration enhancements in Power Platform (2025 wave 1). *Microsoft Learn.* http://learn.microsoft.com/power-platform/release-plan/ 2025wave1/power-platform-governance-administration/. Zugegriffen am 29.07.2025.

Microsoft. (2025c). Categorize text with ai.classify function in Microsoft Fabric. *Microsoft.* http://learn.microsoft.com/en-us/fabric/data-science/ai-functions/classify. Zugegriffen am 29.07.2025.

Microsoft (o.J.). Deliver connected customer journeys. https://cdn-dynmedia-1.microsoft. com/is/image/microsoftcorp/287289-DYN-CustomerInsights-1.1-2000x1125?resMode =sharp2&op_usm=1.5,0.65,15,0&wid=1186&hei=668&qlt=100&fmt=png-alpha&fit=constrain. Zugegriffen am 23.08.2025.

MJBtech. (2025). Agentic AI in ITSM: Empowering autonomous service management in 2025. *MJBTech.* https://mjbtech.com/blog_pages/Agentic-AI-in-ITSM-Empowering-Autonomous-Service-Management-in-2025.html. Zugegriffen am 29.07.2025.

Occamise. (2024). Use case – AI-powered escalation management system. *Occamise.* https:// www.occamise.com/use-case-ai-powered-escalation-management. Zugegriffen am 29.07.2025.

Plivo. (2025). Top contact center statistics & benchmarks (2025). *Plivo Blog.* http://plivo. com/blog/contact-center-statistics-benchmarks-2025/. Zugegriffen am 29.07.2025.

PwC. (2024). Global Service Study 2023: AI-enabled service in practice. *PwC.* https://www. pwc.com/gx/en/issues/transformation/global-service-study-2023.pdf. Zugegriffen am 30.07.2025.

PwC. (2025). Forecast Plus Insights: AI driven planning and forecasting. *PwC Netherlands.* https://www.pwc.nl/en/topics/transformation/artificial-intelligence/ai-business-solutions/forecast-plus-insights.html. Zugegriffen am 30.07.2025.

PwC Switzerland. (2025). Use of AI in corporate planning. *PwC Switzerland.* https://www.pwc. ch/en/insights/digital/use-of-ai-in-corporate-planning.html. Zugegriffen am 02.08.2025.

Revenue.io. (2025). What are sales dashboards? https://www.revenue.io/inside-sales-glossary/what-are-sales-dashboards. Zugegriffen am 23.08.2025.

Rishan Digital. (2025). Automating case escalation for efficient service operations. *Rishan Digital.* https://rishandigital.com/dynamics365/automating-case-escalation/. Zugegriffen am 29.07.2025.

RTInsights. (2024). How AI powered omnichannel communications optimize customer interactions and engagement. *RTInsights.* http://rtinsights.com/how-ai-powered-omnichannel-communications-optimize-customer-interactions-and-engagement/ Zugegriffen am 29.07.2025.

RUBICON Acta Nova. (2024). Digital Input Management: Classify & assign Requests faster with AI. *RUBICON*. http://rubicon.eu/en/rubicon-blog/digital-input-management-classify-and-assign-requests-faster-with-ai/. Zugegriffen am 29.07.2025.

Salesforce. (2023, September). State of Service, Sixth Edition: Data-driven service in the digital era. *Salesforce Research*. https://b2bdigitalnow.com/wp-content/uploads/3_sixth-edition-state-of-service.pdf. Zugegriffen am 30.07.2025.

SER Group. (2023). Input Management mit KI – automatisierte Dokumentenklassifizierung. *SER Group*. https://www.sergroup.com/de/knowledge-center/blog/input-management-mit-ki.html. Zugegriffen am 29.07.2025.

ServiceNEX. (2025). Intelligent escalation management with AI-driven workflows. *ServiceNEX*. https://www.servicenex.ai/intelligent-escalation-management. Zugegriffen am 29.07.2025.

The SILab. (2024). State of Social Listening 2024. *The Social Intelligence Lab*. https://www.thesilab.com/state-of-social-listening/state-of-social-listening-2024. Zugegriffen am 28.07.2025.

Twig.so. (2025). The future of AI escalation handling workflows. *Twig.so Blog*. https://www.twig.so/blog/future-of-ai-escalation-handling. Zugegriffen am 29.07.2025.

Zendesk. (2025). Average handle time (AHT): Formula and tips for improvement. *Zendesk Blog*. http://zendesk.com/in/blog/average-handle-time/. Zugegriffen am 29.07.2025.